教えて！先生
シリーズ

齊藤先生。ネット時代の
レファレンスって
何が大事なの？

～ストーリーでわかる本とネットの
レファレンスサービスの考え方～

【監修】齊藤　誠一

目次

【登場人物】

●遠藤　翔子：千葉県内の公共図書館を経て、県西にある総田市立中央図書館の職員に。後輩も少しずつ増えており、自分のスキルアップも課題のひとつと感じている。好奇心旺盛な主人公。

●木村　千夏：翔子の後輩の図書館職員。行動力のある翔子に憧れを持っている。

●長谷川 研司：総田市立中央図書館の館長で、翔子と千夏の上司。気さくな性格で、職員からの信頼も厚い。

●中井　洸太：翔子と千夏の後輩で、図書館職員としてのキャリアは一年目の新人司書。

●齊藤　誠一：翔子たちに、レファレンスサービスについて教えてくれる先生。千葉経済大学短期大学部名誉教授（司書課程担当）。前千葉経済大学総合図書館長。東京都府中市出身。一九七七年、青山学院大学卒業（司書資格取得）。同年、司書として立川市に採用される。中央図書館開館後、調査資料係長としてレファレンスサービスを担当。二〇〇六年より千葉経済大学短期大学部で司書課程の専任教員となり、現在に至る。二〇一一年三月、筑波大学大学院図書館情報メディア研究科博士前期課程修了。元日本図書館協会施設委員。日本図書館情報学会会員。

※読者特典「レファレンスの心得」と「レファレンス記録の書き方の模範例」の資料ダウンロード情報は191ページにあります。

※この作品はフィクションです。齊藤さんと千葉経済大学短期大学部、立川市立中央図書館、および新海紀代美氏、馬場啓氏、馬場吉蔵氏以外の登場人物、団体、出来事などはすべて架空の名称です。

プロローグ

「こんにちは。どうされましたか？」

カウンター業務をしていた遠藤翔子は、目の前で立ち止まった男性に声をかける。

「歴史のことで知りたいことがあるんですが……いいですか？」

翔子がメモとペンを取り出しながら「もちろんです」と返すと、男性の表情が明るくなる。

「あの～鎌倉幕府っていうのは、私が子どもの頃は一一九二年にできたと教えられていますが、最近は一一八五年だと言われているんですよね？　なぜ変化したのかがわかる資料がないかなと思いまして」

翔子はすぐさまＯＰＡＣにアクセスした。教科書で教える歴史が変わったことについて、説明している本が数冊出てきたため、心の中で（ＮＤＣ２１０……日本史のところの棚ね）とつぶやく。

「お待たせしました。数冊書いてありそうな本が出てきたので、タイトルがわかるように伝票をお渡ししますね」

ＯＰＡＣから出力した、タイトルなどが記載された紙を手渡すと、あわせて棚の場所が書かれた館内図を示して丁寧に案内する。

「ここの棚に日本史の本があるので、先ほどのタイトルを探して見ていただくといいかもしれません」

「わかりました。見てみます、ありがとう」

足どり軽くカウンターを後にする利用者を見送ると、翔子は計数機に手をかけ、たった今のレファレンスをカウントする。

翔子は数年前から、千葉県西部に位置する総田市立中央図書館の職員として働いている。

寒さが厳しい二月の火曜日、この日は連休明けということもあり、利用者の波が一旦落ち着き、常連の利用者や、分厚い参考書を持った学生がぽつぽつと訪れている程度だ。親子連れの利用者も比較的少なく、いつも人気の、フロアの中央にある丸テーブルと椅子が置かれたエリアにも空席がある。

翔子が何気なく腕時計に視線を落とすと、ちょうど定例会の二十分前になっている。事務室に戻り、パソコン作業を済ませると、廊下を抜けた先の会議室へと向かう。

「あ、翔子さんお疲れさまです」

会議室に入ると、後輩職員の木村千夏がテーブルを拭きながら翔子に会釈する。

「お疲れさま。今日も準備ありがとうね。そしてあったかい～」

「よかったです。寒いと集中できないですもんね。ちょっと早めに来てエアコンだけ先につけていたんです」

千夏のささやかな心配りに感謝するように、翔子はエアコンに近づき、嬉しそうに両手をエアコンのほうに向ける。

少しすると、パソコンやメモ帳、資料を持った職員たちが入ってくる。

最後に、翔子と千夏の上司であり、総田市立中央図書館の館長を務める長谷川研司がにこやかな表情で入ってきた。

「皆さんお疲れさま。ギリギリになっちゃいましたね、すみません。では定例会を始めましょう」

長谷川館長の合図とともに、出席者が会釈をしながら手元の資料に目を向ける。

定例会議は、毎週火曜日に開催されている。一週間の業務報告や、利用者についての気づき、今後のイベントや企画展示などの話し合いが行われる。いつも、長谷川館長の人柄のおかげで終始和やかに進むので、翔子も千夏もこの時間を楽しみにしている。

「……というわけで、市役所からパパ・ママさん向けの、絵本を使ったおはなし会の相談を受けていまして、いくつかこちらで見繕って、また打ち合わせをすることになっています」

(市役所でもそういう取り組みを始めたんだ。面白そう)

翔子は心の中でそう思いながら、ベテラン職員の話を聞いている。その後、今週末の大雪警報に向けて、閉館時間を早める相談があった。

おおよその報告が終わると、最後に長谷川館長がおもむろに口を開いた。

「そうそう。他に共有事項がなければ私からもひとつ話があるんですけど、大丈夫かな?」

館長が周囲を見回すと、みんながコクコクと小さくうなずいている。

「実は先週、とある研修会に参加したんですよ。テーマは、皆さんも馴染みがあるレファレンスについて。お話ししてくださったのは、齊藤誠一さんという、過去に立川市の中央図書館の調査資料係長としてレファレンスサービスを担当されていた方です。今は、大学の司書課程で学生たちに講義を行っていらっしゃるからお話も上手でね、思わず聞き入ってしまって」

生き生きとした表情で語る館長の話に、全員が耳を傾けている。

「やはりレファレンスって、求められる回答の内容やレベル、ジャンルももちろんさまざまですよね。そういう技術のようなところも齊藤さんはお話しになりましたけど、何よりレファレンスの、そして利用者に対する姿勢がとても柔軟で……利用者の『困っている』姿を逃さない立ち回り、言葉の裏にある、利用者の『本当に聞きたいこと』を探り当てるコミュニケーションなど、あらゆる考え方が目から鱗だったんですね」

ベテラン職員は、小さく「へぇ～」と感嘆の声を漏らしながら、館長の姿を見つめている。

「研修会では、立川市の職員時代に他の職員さんと作り上げた「レファレンスの心得」というものも紹介してくださって……『ない、わからないは口が腐っても言うな』とか『発想はやわらかく、調査はしつこく』とか、面白いよね」

職員たちは、館長の話を興味深く聞いている。

「おそらく利用者の中にはレファレンスを知らない人がいて、そして図書館に日常的に訪れない人はなおさら知らないだろうから、そこを私たちとしてもどうしていこうかと、ちょうど考えているところなんです。あとは、学習意欲の高い方々への対応力も上げていきたい。皆さんもいいアイディアがあったらぜひ教えてくださいね」

翔子はふと、過去にSNSで「レファレンスサービスというものを受けてみたら、すごく便利でびっくりした！」といった書き込みと、その詳細を書いたブログ記事が話題になっていたことを思い出した。

（たしかに、あれだけ反響があったってことは、知らない人が多かった証拠だよね。ブログのコメントにも『図書館ってそんなことができるんだ』みたいな反応もあったし）

そんなことを考えながら、翔子はパソコンのメモ機能に「齊藤誠一さん、レファレンス」などと書き記した。

定例会議が終わると、翔子は資料を持って廊下に出る。ちょうど同じタイミングで長谷川館長と並ぶかたちになったので、何気なく先ほどの話を持ちかけてみる。

「あ、長谷川館長お疲れさまです。さっきのレファレンスの研修の話、すごく気になりました。うちの図書館だと、力を入れきれていない部分でもあるのかなと思い、興味深く聞かせていただきました」

「そうなんですよね。総田市としてもレファレンスは重要だっていう認識が強まっているみたいで、それをどうにかしたいなとは思っているんだけど、少しこちらでも考えないといけないないなと。あれ、今日もたしか、急ぎの対応がいくつかありましたよね」

「そうですね。私は電話でのお返事二件のみなんですけど、他の人もたぶん今カウンターでその対応をしているところだと思います」

「そっかそっか。では、引き続きよろしくお願いしますね」

事務室に入ったタイミングでそう切り上げると、長谷川館長は颯爽とデスクに戻って行った。翔子も自分の席に戻り、定例会で使った資料を読み返した後、丁寧にファイリングする。

この日の翔子は、業務をしながら、そして帰りの電車でも、なんとなく長谷川館長から聞いた話や、自館のレファレンスのことを考えていた。

第1章

翔子、レファレンスサービスの担当者になる

翔子、総田市の都市計画について聞く

「あれ、翔子さん、まだお昼休憩の時間ですよね。調べ物ですか?」

事務室でスマートフォンとにらめっこをしている翔子に、千夏が近づいてくる。

「ああ、うん。こないだの定例で館長が話していたレファレンスの話、覚えてる?」

「あ〜。最後に報告していた話ですね?」

「そうそう。言葉にうまくできないんだけど、個人的にすごく興味が湧いてね。ここにも、いろんなレファレンスの相談が来るでしょう? もっとズバズバ答えられるようになりたいなぁ〜って思って」

「なるほど」

「それで、あの時長谷川館長が話していた『齊藤誠一さん』っていう方のことを調べていたところなの」

そう話しながら、翔子は笑顔を向ける。千夏はキラキラとした瞳で「やっぱり……翔子さんの探究心ってすごいですよね」と感心している。

ちょうどその時「お、なんだか楽しそうですね」と長谷川館長が通りかかった。千夏が翔子のことを話すと、館長も深くうなずきながら「なるほど。たしか、定例会の後も少しそういう話をしましたけど、本当に興味を持ってくれ

ているとは」と頬を緩める。

「何か明確なアイディアがあるわけではないのですが……。でも、うちの図書館としてもレファレンスへの課題だったり、その周辺の要望が届いていたりするのかなと、いろいろ気になっています！」

自身の興味を素直に表す翔子を見て、館長は嬉しそうにこう返す。

「そうだったんですね。まずこの総田市は、子育て世代に優しい地域を目指そうということで、数年前から特にそういう政策を増やしていると思いますが」

「たしかに、子育てに関連した地域イベントの話はよく聞くかもしれません」

翔子は、先日の定例会でベテラン職員さんが報告していた、パパ・ママ向けのおはなし会のことを思い出しながら、そう返答する。

「うん。イベントもそうだし、駅前の開発も進んでいますよね。あの辺は、いくつかファミリー向けのマンションが建つ予定もあるけど、今ロータリーになっているところまでを広場にして、子どもたちが遊んだり集まったりしやすい空間もつくろうとしている。この地域で子育てができる、人が集まれる場所を目指していろいろ動いているんですよね」

翔子と千夏は、通勤時によく見る工事現場の意味がようやくわかった気がした。千夏も感心した様子で「だからあの辺、ずっと工事しているんですね。大きなビルまで壊していたので、何が完成するのかすごく気になっていました」と反応する。

「そうですよね。まぁそういう流れもあって、地域の方からこの街への関心が高まっていたり、このあたりへの引っ越しを考えている人からの問い合わせも増えたりしているみたいで。その対応の一環として、図書館でもレファレンスに注力する意味はあるんじゃないかっていう話になっているんですよ」

「そういう背景があったんですね」

「うん。それで、今後のヒントをつかむ意味でも、齊藤さんの研修を受けたんですよ」

館長の話のおかげでこれまでの経緯がよく理解できた翔子は、さらに踏み込む。

「館長から見て、うちの図書館の『レファレンス』は、長い間、より改善したい分野のひとつではあったんでしょうか？」

「う～ん……そうですね。そうとも言えるけど、実は七、八年くらい前まではすごい方がいまして」

翔子は続きを早く聞きたい一心で、館長の言葉に被せる勢いで「はい」と相槌を打つ。

「かなりベテランの職員さんだったんですが、その人を指名してレファレンスに来る利用者さんもいました。対応力も素晴らしかったですが、とにかく朗らかでね、みんなから人気があって、定年退職されてからも三年ほどは来てくださっていたかな。その方のおかげで、当時は今よりも利用者さんとのコミュニケーションも活発だったかもしれませんね」

少し寂しそうにそうつぶやく館長の声に、二人は耳を傾けている。

「ただ正直、その方の裁量に委ねることばかりで、組織としてはあまりよくなかったのかもしれないです。特定の人に頼り切る仕組みじゃない、より建設的な流れを、今後つくりたいとも思っているんですよ」

「なるほど。たった一人の能力に頼らず、図書館全体で機能するレファレンスサービスということですね！……素敵です」

館長の話を自分なりに解釈した翔子の表情は明るい。

「まさにそういうことです。あ、ごめんなさいね、そろそろ来客があるからこれで失礼します。とにかくそういう事情があるので、今後私も含め、みんなでこの図書館について考えていければと思っていますので」

翔子と千夏に軽く会釈をしながら、長谷川館長は足早に去っていく。

翔子、レファレンスサービスの担当者に任命される

数日後、翔子はいつものように事務室のデスクに向かっていた。調べ物をしていた流れで、齊藤さんの情報収集もしていると、ちょうどセミナー開催の情報が目に留まる。（都内だけど、ここから一時間もかからないところでやるんだ。ちょうど行けるかも……！）と考えていると、館長が席から翔子を呼ぶ声がする。

「遠藤さん、ちょっとこちらに来てもらっていいですか？」

「はい！もちろんです」

ハキハキとした声でそう答えると、翔子は館長の席へと向かう。

　館長の用件は、先日話していたレファレンスについて、図書館として正式に注力することになった話、そしてそのための担当者になってほしいという話だった。

「先日もいろいろと興味を持っていた様子だったので、ぜひそういう人にお願いしたいと思って。あと何より、遠藤さんは行動力もあって、周りを巻き込みながらやってくれそうだなと、そういう頼もしさもありお願いできればと考えているですよ」

「いいんですか？　ぜひやらせていただきたいです」

　瞳を輝かせながらそう答える翔子を、館長も嬉しそうに眺めている。

「ありがとう。今後の進め方としては、現状の把握、課題の認識をしてもらって、その後改善案を一緒に考えられたらと思っています。もちろんいきなり全部やるのは難しいと思うので、レファレンスについて学びながら、数カ月単位で進めていきましょう」

「はい。ぜひよろしくお願いいたします」

　お辞儀をしながらそう返すと、翔子は思い出したように再び口を開く。

「あ、そういえば館長。先日レファレンスについて研修を受けられたと話していたと思いますが、その時の講師の齊藤誠一さんが、今度都内でセミナーをするみたいなんです。数週間後だったと思うんですが」

「早速いろいろ調べているんですね、改めて感心しました」

「いえいえ。それで、ぜひそのセミナーに参加したいと思っています。後で詳しく調べて申請を出してもいいですか？」

館長は「ちなみに、どういった内容のセミナーなんでしょう？」と尋ねる。

「レファレンスサービスに関わるうえで知っておきたい心構え、基礎知識、のようなテーマだったと思います。後でセミナーのＵＲＬを共有しますが、基礎の基礎がわかる内容に思えたので、自分にぴったりだと感じてご相談してみました」

「そうでしたか。とてもいいですね。参加されたら、内容は今後の定例会でぜひ報告していただけますか？」

「もちろんです！」

翔子は、意気込みを表すように両手で小さなガッツポーズをとる。

館長は翔子のやる気を感じると、目尻を下げながら「ははは。ではお願いいたします。あと、遠藤さんのセミナー参加を有意義にするために、事前に当館のレファレンスサービスにおける課題などを、ご自身なりに整理しておくといいかもしれません」と続ける。

翔子は、館長の考えに深く納得し「そうですよね。館長にすぐご相談してよかったです！自分なりにまとめつつ、申請も後ほどしておきますね」と宣言する。そして数秒間、何かを考えるように天を仰いでいた館長は、さらなる提案を口にする。

「そのセミナーもそうなんですが、一緒に木村さんと参加してみてもいいかもしれないですね。レファレンスに関する取り組み全体も、おそらく一人では大変でしょうし。私から木村さんに声をかけておくので、適宜協力しながら進めてもらってもいいでしょうか？」

「いいんですか？　ありがとうございます！　二人だと心強いです」

そう話し、少しの間、館長と簡単な雑談をする。

その後の事務作業に、翔子は心を躍らせながら取り組んでいた。


昼休みの時間。カウンター業務を終えた千夏が、パソコン作業をする翔子に近づく。

「翔子さん、私、聞きました」

「ん？　何が？」

「レファレンスサービスの件です。翔子さんが中心となって引っ張っていくところを、サポートしていただけますか？　と、さっき館長がわざわざ話してくださって。もう、すぐ『やります』と返事しちゃいました」

翔子は、いつもより少しテンションが高い千夏を微笑ましく眺める。

「レファレンスについては学ぶことばかりですが、翔子さんと一緒にお仕事できるなんて光栄です。よろしくお願いします」

「ふふ。そんなこと言ってもらえるなんて、なんか照れちゃうね。でも、頼りにしているから、ぜひ一緒によろしくお願いします。……あ、これからお昼だよね？　一緒に食べてもいい？」

「もちろんです」

二人は鞄からお弁当を取り出すと、いそいそと空き会議室へと向かう。

「そうそう。それでセミナーの話も館長から聞いてる？」

卵焼きを頬張りながら、千夏は「はい。ざっくりとですが」とゆっくりうなずく。すぐさま翔子はスマートフォンを取り出し、セミナーの情報が書かれたページを見せる。

「再来週なんだけど、テーマも私たちにぴったりかなと思うんだよね」

「たしかにそうですね。へぇ～『変化する図書館の機能を知る』『利用者の現状をもとに、最適なサービスを考える』……。レファレンスサービスに携わる手前のことがいろいろわかりそうですね」

「うん。それで、口頭で館長に許可はもらっているんだけど、正式な申請も出しておかないと。それは今日のうちに出して、あと持ち物は……」

二人でスマートフォンの画面を覗き込んでいると「名刺交換をす

レファレンスに関わる際に知っておきたい基礎知識セミナー

講師　齊藤誠一
日時　▲月■日

プログラム

- レファレンスブックを活用する
- 変化する図書館の機能を知る
- 利用者の現状をもとに、最適なサービスを考える
- 図書館見学の機会を逃さない
- 読書で育む「豊かな発想」と情報リテラシー

るので各自ご用意ください。ない方は作成の上ご参加ください」との文言が目に入る。

二人は名刺を持っていない。（名刺交換？ 交流会みたいなことかな？）と疑問に思いながら、その日は名刺作成の段取りをつける。

「私、家のパソコンにデザインソフト入れているのでつくりますよ」

デザインや入稿はそう話す千夏にお願いすることにし、翔子は図書館の近くにある、個人でも利用できる印刷会社に、完成した名刺を受け取りに行くことが決まった。

「あと、齊藤さんのことをあの後また調べていたんだけど、本も出しているみたい。どこかで取り寄せようと思っているから、手に入ったら千夏さんにも共有するね」

・**『学校図書館で役立つレファレンス・テクニック――調べる面白さ・楽しさを伝えるために』／齊藤誠一著／（少年写真新聞社）**

「さすが翔子さん……さらに動いているんですね」

「いや、なんか気になるとことん調べちゃうんだよね。あと、DBジャパンっていう会社の『司書トレ』っていう、司書のスキルアップに役立つ動画コンテンツを提供しているサービスも見つけたんだけど……その中にも齊藤さんの授業みたいなものがあったの。セミナーの前に見ておけば予習になるかもしれないよね」

翔子のコメントをきっかけに、二人は再来週のセミナー前に一度、『司書トレ』の感想を話し合うことになった。

『司書トレ』

・『レファレンス・サービスの実践』

https://study.shisho.online/contents/001-ss-2/

翔子、千夏と『司書トレ』で予習する

「じゃあ始めようか！　千夏さんは『司書トレ』見てみてどうだった？」

休憩時間を利用して、二十分ほどの時間を設けた二人は会議室に集まった。

「そうですね。私は、レファレンス・スキルの向上に向けてのアドバイスにあった『ヘルプとサポートの違いがわかる図書館員に！』っていう言葉がすごく印象的でした。ヘルプって、解決策を講じて、本当に困った人をすぐにその状況から引き上げるイメージがあるけど、サポートってもっと、主体性を尊重している感じがあるというか」

「たしかに。そういう姿勢を持ってもらうために、図書館職員は手を添えるぐらいの存在として、利用者さんと関わるのがいいのかもって私も思った」

「でもなんか、サポートがうまくできないと『不親切だな』とも思われそうな気がするんですが……私だけかもしれな

いですけど。とにかく今後は、サポートの心得みたいなものも学ぶ必要がありそうですね」

深くうなずきながら、翔子は自分のメモに目を向ける。

「私はね、図書館の役割みたいなものが変化しているっていう、最初のほうに話していた内容が納得感あったかな。私が子どもの頃って、インターネットも少しだけ出てきていたけど、やっぱり図書館って言ったら本だったし。まぁ今も正直、本への思いが強いんだけどね」

「図書館員って『本が好き』から始まる方が多いですもんね」

「そうだね。そうだけど、図書館は本を通して資料を提供するところから、インターネットを含む情報の提供をする存在になった、って明確に書いてあったじゃん？」

「そうですね」

「あれって、図書館員として、本以外の情報にも日々触れて、そこを提供できる存在にならなきゃいけないんですよっていうメッセージかなって思ったんだよね。そう考えると、できていないことも多い。もっと勉強しなきゃなって。だって、最新のＡＩのことを聞かれても、適切な案内ができる自信ないもん」

そう話す翔子に、千夏は感心している。

「だから『司書トレ』を見て自分の目線がちょっと変わったかも。ただ、まだ完全には理解しきれていない気がするから、今後の齊藤さんのセミナーとか『司書トレ』の復習でどんどん身につけていきたいよね。あ〜、また成長しちゃうなぁ〜」

レファレンスサービス　課題メモ

●レファレンスサービスの重要性を理解しきれていない自覚がある
●レファレンスサービスのゴールとは何なのか？ 知りたい

館長との話

–駅周辺の開発で人口が増え、レファレンスの需要が高まる可能性がある。
今できることは？
–図書館全体で、レファレンスサービスが機能する仕組みをつくる

千夏さんとの話

–利用者さんにとって親切な「サポート」を知る
–図書館職員の知識向上。インターネットやAIなど最新情報も知っておくべき？

千夏は、これから学んでいく工程すらも楽しもうとする翔子のおかげで、自分の中の不安が軽くなった。

翔子は、以前館長に提案されたアドバイスどおり、自分なりに感じている課題を箇条書きにして、それを見返しながら、今後多くのことを学べる機会に心を弾ませる。

その後二人は、出来上がった名刺の受け取り日などを確認すると、雑談をしながら業務へと戻っていく。

第2章

翔子、齊藤さんのセミナーに参加する

翔子、千夏とともに大江区立中央図書館へ

　ついにセミナー当日となった。二人は駅で待ち合わせ、東京都内の大江区立中央図書館へと歩を進めている。雲の隙間からは太陽の光が差し込み、二人を照らす。その暖かさが、春の訪れを示しているようだった。

「こんなところにあるんだね。駅から十分くらい歩いたよね?」

　緩やかな上り坂の途中にある、ガラス張りの図書館へと足を踏み入れた翔子は、隣の千夏にそう投げかける。

「ですね。でもやっぱり広い……」

　入ってすぐの右側に、レファレンスカウンターがある。いつでも利用者を案内できるよう、ボランティアと思われる方も数名いて、横を通った二人に穏やかな視線が注がれる。ちょうどそのうちの一人は、新聞に関するレファレンスをしているようだった。「昭和五十四年の」というフレーズが聞こえたので、おそらく過去の記事を探しているのだろう。

「なんだか居心地がよさそうな図書館ですね」

「うん。職員も利用者さんに目を配っているというか、感じがいいのがわかるよね。……そういえばさっき入り口にあったレファレンスカウンター、前はうちの図書館にもああいうのがあったみたいよ」

「そうなんですか？」

「うん。私が働き始めた時はもうなかったんだけど、誰かから聞いたことある。それを置かなくなった理由は知らないんだけど」

「へぇ。何か事情でもあったんですかね」

そんなことを話しながら、二人はセミナー会場となっている大会議室へと向かう。

すでに会場には、数名の参加者が座っていた。二人は受付を済ませると、前から二列目の一番端の席に腰かける。

「ふふふ。この名刺、今日いろんな人にお渡しできるってことだよね？　なんだか嬉しいなぁ」

翔子は、千夏がデザインしてくれた名刺を嬉しそうに眺めてから、そっと名刺入れをポケットに忍ばせる。席に置かれた今日のセミナーの資料を眺めながら、二人は静かに開始の時を待っていた。

翔子、「調べる楽しさ」について考える

「皆さんこんにちは」

すらっと背の高いスーツの男性が、ハキハキとした声で参加者たちに呼びかける。参加者たちが小さな声で「こんにちは」と返す様子を確認すると「今日は、図書館、そしてレファレンスに関する基本のお話をいたします、齊藤誠

一です。よろしくお願いします」と丁寧にお辞儀をする。

「事前に参加される皆さんの名簿は拝見しているんですが、改めて、都内の方はどのくらいいらっしゃいますか？　差し支えなければ挙手をお願いいたします」

三十名前後の参加者のうち、七割ほどが手を挙げた。

「なるほど、ありがとうございます。他の方は近隣から来られているみたいですね」

その後の齊藤さんと参加者とのやり取りで、翔子たちと同じように千葉県から来た人も数名いたようだった。（少し遠くても、齊藤さんの話を聞きに来られる方ってやっぱり多いんだ）と、翔子は今日のセミナーに参加できている自分を、少し誇らしく思った。


「ではまず、自己紹介をしたいと思います。私は東京都立川市の図書館で二十八年ほど働き、ある図書館情報学の先生からの紹介がきっかけで千葉経済大学短期大学部の司書課程コースで教授をしていました。こちらの年数も、気づけば十九年。あっという間ですね」

穏やかな表情でそう話す齊藤さんの話に、二人は集中している。

「ちなみに皆さん、レファレンスブックってご存知ですか？」

分厚い本を掲げながら、齊藤さんは会場を見渡す。翔子の目の前に座る、一列目の男性は、控えめにコクコクとうなずいている。翔子は心の中で（これ『司書トレ』でも話していたことかも。昔受けていた司書課程でもレファレン

レファレンスブックとは

参考図書。言葉や事柄を調べるための本。
情報がいくつかの項目に分けられ体系的にまとめられているため、調べたい項目を簡単に探すことができる。
辞書・百科事典・専門事典・人名事典・地名事典・便覧・目録・索引など。

例）『日本大百科全書（ニッポニカ）』（小学館）
『国史大辞典』（吉川弘文館）
『理科年表』（丸善出版）
『テーマ・ジャンルからさがす』シリーズ（DBジャパン）

スブックの大切さを教えてもらったことがあるなぁ）と、遠い過去を懐かしむ。隣の千夏は、やや斜めに首を傾けている。

「皆さんありがとうございます。レファレンスブックって何？っていう方もいらっしゃるようですね。レファレンスブックというものは、資料や事柄などを調べるための本ですね。参考図書とも呼ばれていますが、具体的には百科事典や辞書、目録、索引などのことを指します。今教えている学生にも口酸っぱく『まずはレファレンスブックを活用しよう』と伝えているんですが、意外と図書館職員さんの中でも『レファレンスブック自体あまり馴染みがない』と話される方は多いんです」

二人は、自分たちのことを言われたような気がしてドキッとした。

「例えば学生に『難しい漢字の読み方を知りたいときって、どうやって調べるの？』と聞いたことがあるんですけど」

翔子は（漢和辞典とか……？ネットでどうにか調べるのかな？前、鰈って漢字がわからなくて『魚へんにしゃべる』とかで検索したこともあったなぁ）と思い返していた。

「学生の中には、そこで調べ方が浮かばなくて考えちゃう人もいるんですよ。他に『国語辞典を使う』って答えた人もいるんですけど、それって読み方がわからないと引けないよね、と。そうしたら『漢字の辞典を使う』と返ってくる。その時は『漢和辞典』という単語は出ないままだったんですよね」

翔子と千夏は、その話に小さな衝撃を受けて、思わずメモをとる手を止めた。

「でも、三月に卒業する学生に同じ質問をしたら、ちゃんと『漢和辞典』と返ってきますし、ニュージーランドの年間の降水量を知るには？と質問したら『理科年表』、日本のみかんの生産量は？と尋ねたら『日本統計年鑑』のWeb版とすぐに答えられる。こういうふうに、私と一緒に学んだ人たちが、調べ方を自分で考えて理解できるようになるまでが私のミッションだと思って授業をしています。今日はそういった話も踏まえながら、基本のエッセンスを持ち帰ってもらえたら嬉しいです」

二人を含む参加者は、齊藤さんの話を夢中になって聞いている。齊藤さんは、手元のコップに手を伸ばしお茶をひと口飲むと、話を続ける。

「そのため授業でも、学生一人ひとりに異なる課題を出して、限られた時間の中で本を使って調べる機会を設けています。でも、インターネットでのリサーチに慣れた人ばかりだから、戸惑ってしまうんですよね。そこで私は『今何を調べているの？』『どんな資料を見つけた？』などと、図書館で動き回っている学生にどんどん話しかけてヒントをあげる。例えば梅の開花日を調べている学生には『小学生の時にどの授業で習った？』と聞いて『社会かな……いや、理科かな？』と返ってきたら『じゃあ理科の基本資料は教えたよね』と。最後は一緒に『理科年表』を開いて『この中にあるから見つけてみよう』と自分で調べることを促しています」

翔子は普段の業務で、ここまで自然にレファレンスブックを想起できているか、改めて振り返る。(齊藤さんにとっては基礎の基礎なんだろうけど、こういう考えを当たり前にできるようにしないとだよね。普段から、レファレンスブックも含めて蔵書のこととかを理解しないと！）と自分を奮い立たせる。

「そうして、目次を見たり、ページをめくったりして情報にたどり着けたら『自分で情報を見つけられた！』っていう達成感が生まれますよね。この感覚を日々の授業で積み重ねて、調べる楽しさも体感してもらいたいと思っています。あとたぶん、この喜びはインターネットではなかなか得られないのではないでしょうか」

千夏も齊藤さんの話に聞き入っているようで、小さくうなずきながら懸命にペンを走らせている。齊藤さんが次の資料をめくると、合わせて全員が手元の資料のページをめくった。

「皆さんも調べ物をするときに、スマートフォンでネット検索をして、それで『解決した』と感じることは多いはずです。でも、レファレンスにおいてはそれだけじゃ足りない。レファレンスは二種類以上の情報源を確認し、情報の正確性を担保する必要もあります」

齊藤さんの話を受けて（たしかに昔、そういうアドバイスを先輩司書からしてもらったなぁ）と翔子は考えていた。

そして、魚の漢字をインターネットで調べた時、たしかに達成感や調べる喜びは得られなかったことを思い出す。

(小さい頃は漢和辞典とか眺めて『こんな難しい漢字があるんだ！』って知る楽しさがちゃんとあったなぁ。他の漢字にも興味が湧いて、部首からいろんな漢字を調べていたこともあったし……。鰈の漢字を調べる時も漢和辞典を開くっていう発想があればよかったんだ！）と、懐かしく思いながら、インターネットだけに頼らない調べ方を改めて認識する。

さらに翔子は、自分の課題メモに「レファレンスブックをもっと積極的に活用できるようになる。レファレンスブックの重要性を職員みんなが理解する」と書き加える。

齊藤さんはさらに続ける。

「もちろん、インターネットにも有力な、そして新しい情報がたくさんあります。ただ、インターネットだけでは調べきれない情報もある。さらに、そのサイトが見られなくなることもありますし、出典がよくわからない情報もある……というよりも、多くの情報が出典まで書かれていませんよね」

齊藤さんは、微笑みながらそう解説すると、参加者たちが一斉に首を縦に振った。

「そう考えると、図書館ってすごいんですよ。インターネットの情報に加えて本の情報まで一気に見ることができる。私はこれが図書館の大きな強みだと思います」

改めて図書館の強みを認識した数名が、ハッとしたように顔を上げる。

「こういうことも、学生たちは知らないから話しているんですが、セミナーをしていると、実は図書館職員さんたちもこの事実をはっきり認識していないようですよね」

翔子と千夏は勢いよくペンを走らせる。翔子は（そうだよね。インターネットと本の両方の情報を効率的に探せるのが図書館。だから、その強みを生かしてレファレンスサービスを構築していけば、利用者さんにとって親切で、適切で……スピーディな対応ができるのかも）と自分なりに理解する。

翔子、『図書館の機能』を学ぶ

「ここで次のページに行きましょう。基本的な情報を知っておくために、一旦図書館の基本的な機能とその変化についても見ていきたいと思います」

前置きをする齊藤さんの話を聞きながら、翔子は（あ、これも『司書トレ』で見た内容かも）と気づく。

「図書館の機能というものは一九六〇年代～一九九〇年代前半頃までは『資料の提供』をすることだとされていました。もっと細かく言うと、メディアを収集・組織化し、保存して提供することではあるんですが、ここでは端的に『資料の提供』とまとめて話しますね。そしてこれは、書籍を提供することとも言い換えられます。しかし一九九〇年代後半～現在にかけては、インターネットの普及・拡大、他にＣＤやデータベースなども台頭してきて、書籍の提供よりも広

図書館の基本的な機能の変化

●1960年代 ～ 1990年代前半
⇒資料の提供（書籍の提供）

●1990年代後半 ～ 現在
⇒情報の提供（書籍+デジタル情報の提供）

●これからは～
⇒情報提供＋人的支援の提供（書籍+デジタル情報+人的支援の提供）

い概念が必要になった。そこで『資料の提供』から『情報の提供』という表現に変化しました」

翔子は、千夏の手元に目をやると「書籍＋デジタル情報の提供」という文字にアンダーラインを引いている。

「そしてこれからは、書籍とデジタル情報の提供に加えて、人的支援の提供も大事になってくると思います」

会議室はシーンとしていて、全員が齊藤さんの言葉に集中している。翔子は「人的支援」の意味をすぐには理解できず、齊藤さんの次の言葉を待っている。

「世の中的にも、本やインターネットなどさまざまな情報が飛び交う中で、両方を上手に使って正しい情報にたどり着く力が大事になってきている。皆さんも、インターネットでいろいろと調べていると、とあるサイトでは『正しい』とされてる情報が、別のサイトでは『間違いだ』と書かれているのを見たことがあると思います。中には何が正しいかわからず、混乱してしまうこともあったかもしれません。つまり現代では、あふれている情報の取捨選択に困っている人たちをバックアップする人が必要。そこをどこが担うかというと、図書館だろうと。つまり、図書館員が情報提供をサポートすることが、人的支援にあたるんです」

翔子は、ようやく自分の疑問が解決し、表情が明るくなった。それと同時に、自分たち図書館員が果たす役割の大きさに、身が引き締まる思いがした。

「そうなると、利用者の皆さんと図書館員の間には、コミュニケーションが発生しますよね。図書館は、人と人とのコミュニケーションの場でもある。さらにその会話を通して情報に付加価値をつけることもできるんです。これも、人的支援のひとつなんですが」

「付加価値」という言葉を聞いて、翔子は首を斜めに傾ける。

「利用者の話を受けて『だったら博物館に詳しい人がいるので紹介しますよ』『詳しい情報を持っている図書館を紹介しますよ』と、最適な情報提供をしていく。それができるのが図書館であり、図書館員ですよね」

齊藤さんの話を噛み砕きながら、翔子は以前、ベテラン職員にレファレンスを引き継いだ時のことを思い出した。その時対応した利用者は経営者で、財務に関する情報を集めていた。その際「以前別の地域に住んでいた時、最寄りの図書館で起業に関する相談をしたら商工会議所につないでくれたことがあった」と話しており、そこで今回もまずは図書館に来てみたようで、対応に困った翔子はベテラン職員にバトンタッチをしたのだった。

(過去に通っていた図書館が商工会議所につないだっていう話は、まさにこの人的支援だったんだ!)とようやく気づき、レファレンスの幅広さを改めて実感した。一方で、(そういう機関とはどうやって連携するんだろう。いきなり連絡しちゃってもいいのかな?)という疑問が浮かぶ。

翔子、『利用者の現状を見る』ことの大切さに気づく

「公共図書館の現状についても簡単に触れますが、こちらは皆さんも体感としておわかりかと思うのでさらっといきますね。貸出冊数という観点から見ると、昔は一般書よりも児童書のほうが多かった。そこから一九八五年ぐらいに差しかかると、逆転して、児童書の貸出冊数も増えているものの、それ以上に一般書の貸出冊数が増えていくんです」

二人は（少子化の影響かな？）と予想しながら、自分たちの図書館でもたしかに大人の利用者が多いことを考えていた。

「公共図書館が児童サービスをきっちり行ってきた結果、図書館を利用していた子どもたちが大人になり、その人たちがさまざまな形で図書館を利用するようになります。自身の課題解決や『今年はこういうことを調べる』と目標を決めて図書館に通う方もいます。図書館は、生涯学習が生まれる場にもなっているんですよね。ただ、私はこの数字の変化を考察したいというよりも、この現状をもとに、よりよいサービスを考えていくべきだと伝えたいんです。コミュニケーションが生まれ、生涯学習が生まれる『場』としての図書館の価値を、どのように高めていけるかという話です」

数字や現状をもとに、価値を高めていくという発想があまりなかった翔子は、次の齊藤さんの言葉を待っている。

「以前、知り合いで図書館長をやられている方と会った時に『こないだ、お弁当をトイレで食べている利用者がいたんですよ』という話を聞きまして。図書館は、本を守るためにも飲食が禁止されているところが多いですよね。だから、そこの図書館の利用者は、飲食禁止のエリアを逃れてトイレで食事をしていたようなんです」

翔子は（じゃあ、その方に注意をしたのかな？）とこの先の話を予想しながら話を聞いている。

「本来、利用者のための図書館であるべきなのに……とその館長は心を痛めて、その後飲食ができるカフェスペースを作りました。これこそ、需要に合わせて場としての価値を高めた素晴らしい事例ですよね」

翔子の隣で、千夏は「場としての図書館」という言葉を反芻するように、コクコクとうなずいている。翔子は、最近どこの図書館内に行ってもカフェが併設されていたり、入り口の開けたエリアに飲食スペースが設けられていたりすることを思い出した。(カフェ目的の人も図書館に呼び込もうっていう意図で併設されているのかと思っていたけど『利用者の需要』っていう考え方もあるんだ！）と、新たな側面に気づく。

翔子、家族が集う場としての図書館について考える

「というわけで、図書館の状況を見ることの大切さを話しましたが、その流れで子育て世代にも触れさせてください。先ほど、一般書の貸出冊数は右肩上がりに増えていてそれに比べて児童書の貸出冊数は微増であるという話をしました。ただ、子育て世代や乳幼児・児童向けのサービスをしなくていい、というわけではありません。その世代にはその世代に合わせたサービスが必要だと思います」

翔子は（あくまで現実を見て対応することが大事なんだ……）と自分なりに解釈しながら、メモに「現状や需要をもとに自館のあり方を考える」と記す。

「よくおはなし会というものがありますが、赤ちゃん向けのおはなし会をやると多くのお父さん・お母さんが集まってくるんです。よくある四歳ぐらいから小学生までを対象としたものよりも、私の感覚ではもっと多く、人気があるように感じています。これは、赤ちゃんへの読み聞かせに興味があるのと同時に、図書館が子育て情報の交換の場になっているように思います。昔はこういった子育て情報の交換の場は公園で行われていて、赤ちゃんたちの『公園デビ

ュー』のきっかけになっていましたが、今はそれが図書館の役割になっているのではないかな、と。『図書館デビュー』をして、子育てに関する情報交換をする『場』に集まる。よく、同年代のお子さんを持つ親同士で立ち話をしている光景を見たことはありませんか？」

翔子と千夏は同時に、自館の光景を思い浮かべる。たしかに図書館の入り口付近で、外を駆け回る子どもたちを見守りながら話に花を咲かせている親御さんを見かけたことがある。他にも、おはなし会をきっかけに挨拶をし、話すようになった人たちもいた。

翔子は何度かおはなし会を手伝う中で、日中、親である自分と子どもだけで過ごす人も少なくないのだと感じた。その外出先として、図書館は大いに役立っているのだろう。

「図書館は『情報提供』の機能があると話しましたが、今のようなことを考えると『子育てに関する情報提供』も大変重要だということがわかりますよね。自治体によっては子育て支援課と密に関わって取り組みをしているところもあります。そこには少子化も働いていると思いますが、いずれにしても、情報が集う場、子どもたちも安心して足を運べる安全な場としての図書館は、大切な存在です」

利用者のことを思い出しながら、翔子は大人の中でも生涯学習に勤しんでいたり、子育てをしていたりと、たしかにライフステージが多様な利用者が集まっていることを改めて認識する。異なる情報や需要を感じ取りながら、図書館の『場』としての機能を考えていく必要があるのだと、強く認識した。

一方で（その需要を感じ取るのって、さっきみたいな数字を見たり、利用者を観察したりする以外に方法はあるのかな？　利用者さんと直接話すと見えてくるものもあるだろうけど、そのコミュニケーションにもコツがあるんだとしたら知りたいな）と、さらなる興味が湧き起こる。翔子は忘れないように、疑問をメモに記しておく。

「そうして大人も子どもも関係なく、むしろ家族で足を運んでもらえるようになるのが、図書館の理想のかたちとも言えるでしょう。私がいた東京都立川市の図書館は、立川駅という比較的大きな駅の近くにあります。駅周辺はショッピングセンターや百貨店も多く、休日は家族みんなで車で来て百貨店の駐車場に停める。お父さんと子どもたちは図書館に、お母さんは百貨店で買い物をして、最後は買い物を終えたお母さんも図書館に合流して、たくさんの本を借りて帰っていく……そんな光景をたくさん見てきました。当然買い物によって駐車料金はタダです。これが実現できたのは、家族みんなで足を運べるだけの駐車場が周辺に多くあり、公共交通機関にも恵まれていたことが関係しています。つまり図書館を活用してもらうには、図書館単体ではなく行政も含めた環境整備が必要。ただ、ここはちょっと複雑な話になるので、また別の機会にお話ししますね」

翔子、図書館の魅力を伝える方法を知る

齊藤さんはちらっと時計を見て「おっと、もう三十分経っていましたね。皆さん休憩などは大丈夫ですか」と呼びかける。全員が小さくうなずくと、齊藤さんはゆっくりあたりを見回しながら、さらに続ける。

「ここまでの話からすでに気づいた方もいらっしゃるかもしれませんが、図書館は地域を元気にする、街づくりの側面があるとも言えるんですね。大人も子どもも足を運び、さまざまな情報が集う。そうすると『図書館に行けば知りたい情報が得られる』と思ってもらえますよね。図書館が賑わい、その先には街が元気になる未来があります。でも……」

齊藤さんの声色が少し変わり、参加者はさらに話に引き込まれる。

「図書館の素晴らしさを知ってもらうことにも、まずハードルがあるんですよね。普段あまり図書館に来ない人に足を運んでもらうには、魅力をあまり感じていない人に感じてもらうにはどうすればいいのか。ここも図書館員、図書館の抱える課題のひとつだと思います」

翔子の視界で、多くの人が同意するようにうなずいている。

「私はそのアプローチのひとつとして『図書館見学の機会を逃さない』ようにしています」

翔子と千夏の図書館でも、秋になると近隣の小学校の児童たちが図書館見学に訪れる。館内の案内、図書館司書の仕事紹介、絵本の読み聞かせなどをしている。二人はその担当ではないが、新人の頃は手伝いに何度か駆り出されたことがあった。

「図書館職員だった時、私が図書館見学を担当するときは、集まった子どもたちに『本屋さんと図書館の違いってわかる?』と聞いてみるんです。そうするとまず『タダで使える』と返ってくる。そうだよね、本屋さんだったら買わないといけないよね、と。それで事前に用意しておいた本を見せながら『これは三十万円もするんだけど、図書館だったらタダで読めるんだよ、すごいよね』と話すと、すごくいいリアクションが返ってくるんですね』

頬を緩めながらそう話す齊藤さんにつられて、翔子も明るい表情で聞き入っている。

「別の子からは『図書館は古い本もある』という答えが出てくる。たしかに、本屋さんは新しい本がいっぱい並んでいるイメージがありますよね。そこで江戸時代や明治時代の頃の本を見せながら『こんなに古いものも見られるんだよ、すごくない？』と言うと『本当だ！すごい』と返ってくる。……そしてもうひとつ、私が期待している答えがあるんですが、どうでしょう。どなたかわかる方がいるかもしれませんが」

そう前置きして齊藤さんはひと呼吸おいた。翔子と千夏も考えをめぐらせ（勉強できる場所もあること？複写できることかな？蔵書の数……は書店・図書館の規模によって違うか）などと考えている。

「もうひとつは図書館職員がいることです。その見学の場では『図書館に来ると、おじさん（私）がいるんだよ』と言うんですが、あまりピンと来ていない子もいます。子どもの頃って図書館職員の役割なんて知らないですよね。だから『何かわからないことがあったら何でも聞いていいんだよ。みんなの相談に乗るのがおじさんたちの仕事なんだからさ』というふうに話します。今は書店でもそういう相談に乗ってくれるところもありますが、図書館は図書館で相談できる、その対応を責任を持ってやってくれる場所なんだということを、子どもたちに説明しています」

翔子は幼少期、よく母親に連れられて図書館に足を運んでいたが、当時の翔子にとって図書館職員は「本の貸出、返却のやり取りをする人」ぐらいの認識でしかなかった。（子どもの頃からそういうことを知っていたら、図書館に行くことがもっと楽しくなっていたかも！）と考えながら、齊藤さんの話に心を打たれている。

さらに、翔子と千夏は、レファレンスの意味も再度見つめ直す。（レファレンスって利用者さんを案内することそのものに目を向けがちだけど、さっき話していたみたいに図書館には古い本や貴重な本もたくさんある。収集・保存があってようやくレファレンスが成り立つってことだよね。いろんなステップが大事なんだ）と改めて認識した。

翔子、最新の技術を知る必要性について学ぶ

齊藤さんが手元の資料をまためくる。あっという間に最後のページに差しかかった。

「このセミナーの最初の頃に、図書館はデジタル情報の提供も担うという話をしたと思います。図書館にもしっかりと情報化社会の流れが来ていますし、街の情報が集う場所として時代の流れに対応する必要があります。今、ＡＩに関する注目度も高いですよね。ブームという時代が過ぎて、日常に馴染んできた感覚もありますが」

翔子も以前、先輩職員が「企画のアイディア出しにＡＩを使った」と話していた影響を受けて、ＡＩを使ってみたことがある。その時は調べ物のために使ってみたのだが、当時使っていたＡＩと調べ物の相性があまりよくなく、なんとなくそのままフェードアウトしてしまった。

「ただ、このＡＩなどを活用する際には、物事を捉える力、想像する力、考える力などが欠かせません。そこで大事なのが読書だと思うんですよ。読書で身につけたそれらの力が、豊かで新たな想像を生む。この工程はどの時代も変わらず、これからも続く情報化社会を生きるうえでも大切なことなんですよね。だから、子どもの時の読書習慣が重

要だと、改めて言いたいです」

翔子はSNSで、自分の業界とは異なる世界で活躍する著名人をたくさんフォローしている。そういう人たちは皆読書家で、本から得たことを貪欲に仕事に生かしている印象があった。翔子はその人たちの影響を受けて、紹介されていた本を読んだこともある。そうすると、本の中のさまざまな言葉を自分の生活に結びつける想像力、思考力がなければそれが実現し得ないことに気づく。当時は（やっぱり頭のいい人は違うな）と他人事だったが、齊藤さんの話を聞いて、そういった力が、日々の読書で磨かれたのではないかと思うようになった。

「それに加えて、これからの時代はやはり情報リテラシーも必要ですよね。情報の提供を行う図書館職員たちも、ネットの情報やＡＩのアウトプットを見て、それをどう判断するか、どう活用するかを考える必要があります。そこまでのレベルになれるよう、皆さんも日々、アップデートしていかなくちゃいけないんですね」

翔子は、自身の課題メモに書いた「インターネットやＡＩなど最新情報も知っておくべき？」という疑問が解消された気がした。

さらに翔子は、母親が「ＡＩってなんだかよくわからなくて怖い」「これからはＡＩに仕事を取られるんでしょ？」と話していたことを思い出した。それは、周辺の情報を知らないからこそ起こる考え方なのだろう。

翔子は（ＡＩや新しいものにも触れながら、いろんな情報を集めていれば『ＡＩは人類を脅かす存在だ』って考えにはならずに、活用する発想が育まれるんだ。その手前には読書とか、人と話すことで養われる力が大事ってことだよね）と、齊藤さんの話を整理するように頭の中で考えていた。

情報リテラシーを身につけるには
読書で養われるさまざまな“力”が必要

情報化社会の中で問われる、情報リテラシー

例）・インターネットの情報から、自分に必要なものを取捨選択する
・AIを活用し、仕事の効率化を図る
⇒情報を判断する力、想像する力、考える力などが必要

★その力を養うのが「読書」

自分の知らなかった言葉や考え方、発想に触れる機会が生まれ、
表現力や想像力が豊かになったり感性が磨かれたりする
⇒豊かな心までも育む読書は、子どもの成長に欠かせない（図書館の必要性）

「さらに本は、出版されるまでに多くの工程を踏んでいます。出来上がった本には一定の信頼性もありますよね。インターネットにも、正確で有益な情報はたくさんありますが、そうでないものもある。世の中の情報に左右されないためには、本やインターネットそれぞれの特性も知っておく必要があるでしょう」

資料の最後の部分を紹介した齊藤さんは、そう話すとゆっくり顔を上げた。

質疑応答

手元の資料をパタっと閉じ、会場全体に目を向ける齊藤さんは「今日はここまで、基本的なところで私の話は終わりです。今後はもう少し踏み込んだセミナーなども都内近郊で予定しておりますので、また機会があればぜひご参加ください」と案内する。

参加者は「まだまだ齊藤さんの話を聞きたい」とでも言うように、拍

手を響かせる。それに応えるように笑顔で頭を下げる齊藤さんは、再びマイクを手にする。

「皆さんありがとうございます。お時間はまだまだありますので、質疑応答の時間を設けたいと思います。その後は名刺交換ですね。……ではまずは今回の話を聞いて、何か気になるところがあればぜひお聞かせください」

参加者たちの空気が一瞬張り詰めたが、すぐに数名の手が挙がった。最初に指名されたのは、セミナーの冒頭で他県から来たと話していた男性の参加者だった。

「今日は貴重なお話ありがとうございました。今日参加された皆さんは都内の大きな公共図書館の方が多いのだと思いますが、私は地方の……蔵書も七万ちょっとの公共図書館に勤めています。私自身はレファレンスに興味があり今日参加したんですが、当館のような小さめの規模のところでもレファレンスサービスに意識を向ける必要があるのかお聞きしたいです。そして、レファレンスサービスを向上させるために私たちにどんなことができるのかも伺いたいです」

男性がそう話すと、「うんうん」と控えめに相槌を打っていた齊藤さんが口を開く。

「ありがとうございます。私としては、レファレンスへの需要は図書館の規模に関係なくあるものだと思います。それに、大規模でない図書館は、きめ細やかなレファレンスができるという点でとてもいいですよね。ちなみに今、どんな方が来館されますか？」

「そうですね。学校帰りの小学生でしょうか。友達と集まる場所のような感覚で利用してもらっているように思います」

「大人の利用者はいかがですか？」

「定期的に来られる方も多いです。新聞を毎朝読みに来られる方、新刊コーナーを熱心に見られる方もいらっしゃいます」

　男性の話を頭の中で一瞬整理した様子の齊藤さんは、再び話し始める。

「そういう方々に、今もすでに実践されていると思いますがまずは挨拶をしましょう。棚を歩きながら、書架整理や排架をしながらウロウロしていると、意外と話しかけてくれる利用者がいたり、やたらと利用される棚があることに気づいたりするんですよ。そこから『こういう情報が今求められているんだ』と気づくこともありますよね」

　翔子は、齊藤さんのセミナーの中で、利用者の需要を感じ取るコミュニケーションのコツが知りたい、というメモを残していた。その解決策が、挨拶や書架整理なのだろう。

「レファレンスは、待つだけじゃなくカウンターの外に出てご自身が動くことで生まれるケースもあるんです。私もよく歩き回っていましたけど」

　少し冗談めかして笑いながらそう話す齊藤さんにつられて、男性も笑顔になる。

「利用者は、話しかけることを躊躇していたりするんですよね。だから、話しかけやすい距離にいてください。まずはカウンターの外へ、ですね」

　質問をした男性も、深く納得したようで「ありがとうございます」と返し着席した。

次は、翔子と千夏の後方に座っているらしい女性が指名された。

「今日はありがとうございました。私は学校図書館で働いている者です。今、図書館に来る児童とまったく来ない児童がはっきり分かれている感覚があるのですが……。これはある程度しかたがないとも思います。ただ、来ない児童に、本に興味を持ってもらえるヒントなどがないか、ぜひご意見をお聞かせいただきたいです」

これは公共図書館にとっての課題でもある。ただ、今日のセミナーで話されていた『図書館見学の機会を逃さない』という話が、公共図書館のひとつの解決策だとわかった。翔子は（学校だとまたアプローチも違うのかな？）と考えながら齊藤さんを見つめていた。

「なるほど。学校図書館の方も来られていたのですね、ありがとうございます。ここでも先ほどの回答と同じように、挨拶などのコミュニケーションがまずは大事だと思います。そして、本の素晴らしさを説いたり、おすすめの本を紹介したりと、本に結びつけるコミュニケーションはとらなくて大丈夫です」

意外な答えに、翔子の視界で千夏も、メモをとる手を止めて顔を上げた。

「まずは学校で児童に会ったら、話し相手になることから始めてみてください。図書館に来てくれた子には、その空間に親しみを持ってもらうことがファーストステップです。もちろん、図書館には来ず、外で遊ぶ児童も多いですよね。でも雨の日に読み聞かせをしたり、図書委員を主体に朝の会で図書クイズの時間を設けたり、新刊紹介の掲示物をつくったりと、楽しんでもらうための工夫はいろいろあるでしょう。……余談ですが、司書課程を履修している学生で、学校図書館の先生に憧れて司書を目指している人は意外に多いですよ。だから、あなたの取り組みは誰かにきっと届くと思います」

翔子は小学生時代を振り返った。校舎内の階段の踊り場や、廊下にある掲示物には季節に合わせて『平和を考える本』『虫の不思議を調べてみた』などと、本の紹介とともにさまざまな情報が載っていて、なんとなく眺めるのが密かな楽しみだったことを思い出す。

齊藤さんはさらに続ける。

「これは何も、児童に限ったことではありません。先生とのコミュニケーションも大切です。まずは雑談でもいいので、先生が最近読んだ本、昔読んでいた本の話などをしてみてください。そこから調べ学習のときに本を使う提案をしたり、読書タイムを設ける提案をしたりと、先生と一緒に児童への取り組みを考えるきっかけが生まれるかもしれませんよ」

女性は感心した様子で「先生とのコミュニケーションという発想はまったくありませんでした。そして、児童ともまずは本に関係ないところから始める。人としての関係性をつくるところから、長い目で考えるということですね。ありがとうございます」と感謝の言葉を述べる。

齊藤さんは「では他にいらっしゃれば……お時間的にあと一名くらいですかね」と言いながらまた参加者に目を向ける。ちょうど手を挙げていた翔子と目が合い、ついに指名された。

「本日は貴重なお話ありがとうございました。私は千葉県総田市の図書館で働いています。今日のお話で、図書館は人的支援も行うところだというご説明があったと思います。そこで例として博物館を紹介したり、他の図書館を紹介したりするという話がありましたが……私も以前『商工会議所を紹介した』という事例を聞いたことがあり、そういった機関との連携はどのように進めればいいのか気になっています。いきなりお電話などをしてしまっていいのでしょうか？」

齊藤さんはひと呼吸おくと、翔子の目を見て語り始める。

「私は普段から情報共有のために商工会議所を訪れたり、レファレンスに関わる地域の情報を収集するために足を運んだりして関係構築をしていました。そういった行動を図書館の仕組みとして定期的にできるといいかもしれませんね。もしかすると館長さん、課長さんあたりがそういうことをしているのかもしれませんが。あとは関係構築のきっかけとして、市の商工部門から声をかけてもらう手もあります。また、商工会議所にあるイベントのチラシをもらいにいくことで顔をつなぐことも可能です。それに、これから行う名刺交換でも、他の図書館や関係機関の方と出会い、連携するきっかけがつくれますからね」

「関係構築の方法はいくつもあるのですね！ありがとうございます」

翔子は（たしかに、商工会議所にはいろんなチラシがあるし、それを図書館として収集することも大切だし、図書館で配布すれば、商工会議所にとってもメリットがあるよね）と理解するとともに、名刺交換がますます楽しみになった。

翔子、司書として初めての名刺交換をする

質疑応答が終わり、セミナー終了まで十五分となった時、齊藤さんが「それでは最後に、名刺交換をしましょう。皆さん持ってきましたか？」と呼びかける。

ポケットの名刺入れをガサゴソと取り出した翔子は、同じように名刺入れを手にする千夏とアイコンタクトをとって微笑み合う。（ついに使う時が来た）と翔子ははやる気持ちを抑えている。

「では、前後の人と名刺交換をしてそれぞれ三分ほど話しましょう。他館の取り組みを知ることができたり、今後連携して情報交換できる機会が生まれたりするかもしれませんよ」

齊藤さんの言葉に促されるように、翔子と千夏は前に座る参加者に声をかけ、名刺交換をする。翔子の前に座っていた人は、都内の公立図書館に勤務して二年目の職員だった。話によると、その人は最近レファレンスカウンターで業務をするようになったようで、スキルアップを目指して今回のセミナーに参加したという。後ろの人は、同じ千葉県の図書館職員だった。詳しく話を聞くと、どうやら総田市のお隣、北側に接する市内の方だった。総田市と同じように、都市開発が盛んになっていることや、レファレンスに注力しきれない課題感を共有した。

最後には「今後も情報交換ができたらいいですね」と、互いの名刺に書かれたメールアドレスを確認し合い、話が終わった。

ちょうど、名刺交換の終わりを告げるアラームが鳴ると、今度は齊藤さんが正式にセミナーの終了についてアナウンスする。

「皆さん、他の方々とお話ししてみてどうでしたか？ 近くのエリアの方や、自分とはまた違った環境の方と情報交換ができ、これが刺激となったら嬉しいです。今日のセミナーはこれで終わりとなります。ありがとうございました」

改めて拍手が鳴り響く。齊藤さんは深々と頭を下げ、最後に呼びかける。

「それではこのまま帰られる方はあちらの出口からどうぞ。お気をつけてお帰りください。また、お時間のある方は私とも名刺交換できればと思います。少しの間ここにおりますのでもし名刺交換してもいいよという方は、ぜひお願いいたします。それでは改めてお疲れさまでした」

会場を後にする人はまばらで、ほとんどがそのまま残り、齊藤さんの方へと向かう。

「じゃあ、私たちも行こうか！」

弾んだ声でそう千夏に呼びかけ、翔子たちは五番目に並んだ。自己紹介の言葉を思い浮かべている間に、すぐ二人の順番が来た。

「初めまして。私たちは千葉県の総田市の図書館職員をしています、遠藤翔子と……」

「私は遠藤の後輩で、木村千夏と言います」

同時にお辞儀をすると、二人はレファレンス担当となったこと、自館としてのノウハウをこれから積み上げる必要があり、今回のセミナーに参加したことなどを報告した。にこやかな表情で話を聞いていた齊藤さんは「それは、ちょうどいいタイミングだったんですね」と相槌を打つ。

「私たちの力だけでノウハウを習得するのは難しそうだと感じています。今日のセミナーの内容や、あと齊藤さんの『司書トレ』の動画も拝見したので、そういったものを参考に図書館全体の取り組みをつくっていければと思っています」

「なるほど、そうだったんですね。普段の業務もしながらお忙しいでしょう」

そう労う齊藤さんに、二人は恐縮する。翔子は少したイらいながら、さらに続ける。

「あの、先ほど前後の人と名刺交換をする際に『この出会いをきっかけに今後、助けてもらうことがあるかもしれませんよ』と話されていましたが、これは齊藤さんとの名刺交換後も、何かご相談などでご連絡してもよいということでしょうか？……もちろんお忙しいと思いますし、本来は私たちのみで取り組みを進めるべきなのですが、個人的に気になってしまいまして」

翔子の積極的な発言に千夏は少しびっくりした様子で、二人の表情を見守っている。すると齊藤さんはすぐに「もちろんですよ」と返す。

「図書館全体としてそういった取り組みをするには、むしろ私にできることがあればサポートしたいです。ぜひまたメールしてください。進捗であったり困ったことだったり、ご連絡お待ちしていますね」

広い心でそう受け止めてくださった齊藤さんのご厚意に感謝し、二人はまたお礼の言葉を述べ、会場を後にする。

セミナーでの気づきメモ

●「レファレンスブック」をすぐに想起できるか？

⇒レファレンスの内容から自然とどのレファレンスブックを見ればいいのか結び付けられるように、自館の蔵書を理解する

●図書館は、本の情報とインターネットの情報の両方を提供できる場所！

⇒さらに、人的支援の側面も（詳しい人や機関を紹介できる）

●図書館の魅力を伝える方法

⇒図書館は「情報提供」だけではなく、多様な利用者が集まれる「場」でもある。図書館見学の機会を逃さない！

●図書館には古い本、貴重な本もある

⇒資料の収集・保存が機能していることでレファレンスが成り立つ

「齊藤さんのセミナー、すごかったね。いつも学生さんの講義をしているからかな？　話がわかりやすくて聞き入っちゃった」

「ですね。図書館司書としての経験も長く、レファレンスのプロフェッショナルの方に直接教えていただける機会をいただいて、本当に学びが多かったです。それでいて、物腰柔らかくて、最後の名刺交換でお人柄もすごく伝わってきたというか」

二人はセミナーの感動を矢継ぎ早に伝え合うと、そのまま最寄りの駅構内へと進んでいく。

「そういえば、前後の名刺交換をした人はどうだった？　私は同じ千葉県の人と、都内の公立図書館の人だったよ」

「一人は学校図書館の方で、面白かったですよ。くつろぎスペースとしてカーペットを敷いたら、今まで図書館に来なかった人が本当にダラダラしに来るようになったとか、動物の大きさを書いた紙を、身長計みたいに実際の高さに合わせて廊下に貼ったら、誰かしら自分の身長と比べに来るようになったとか、企画の工夫をいろいろ聞くことができました。あともう一人は、音楽系の、……音楽資料室って言って

いたかな。なんだか専門的なジャンルの図書館にお勤めの方でした」

「へぇ〜。同じ図書館と言ってもいろいろあるんだね。本当、セミナーで新たな知識を吸収できたうえに、周囲の人とつながりをつくれたのってすごく有意義だったかも」

充足感に包まれた二人はそのまま電車に乗り、自分たちの図書館へと帰っていく。

翔子、現代の図書館職員に求められる知見を共有する

翌日の定例会で、翔子と千夏はセミナーについて報告した。図書館の機能の変化やレファレンスブックの重要性、これからの図書館職員に求められるITスキルや知見などを、自分たちの意見も含めて述べると、周囲から感嘆の声が漏れる。中には小さく「AIかぁ、たしかにそういうものはなんとなく敬遠していたな」とこぼす職員もいた。

長谷川館長も感心しながら、二人に問いかける。

「多くのことを吸収してきたんですね。ちなみに、うちの図書館での児童書と一般書の貸出冊数にはどんな違いがあるか知っていますか?」

一瞬頭が真っ白になった翔子の横で、千夏が「私、あれから気になって調べてみたんですけど……」とおそるおそる話し始める。

「齊藤さんが示していた資料ほどの伸びはないですが、ここ三年は一般書の貸出冊数が年間二十七万〜二十八万冊ほ

ど、児童書は十二万～十三万冊前後を推移しています」

千夏が数字を示すと、一年目の新人司書・中井洸太が目を見開きながら、「え、そんなに……」とつぶやく。

館長はすかさず洸太の声を拾い「そうなんですよ。膨大ですよね。それだけ利用者さんがこの図書館を活用してくださっているということです。数字を見ると新たな気づきがあって面白いですよね」とコメントする。

洸太は、館長の話をメモに記しながら、少し注目を浴びたような感覚にやや顔を赤くする。するとすぐに館長は話を戻し、千夏に目を向ける。

「あ、すみません。話を逸らしてしまいましたね。一般書は、児童書の貸出冊数の二倍以上だというお話でしたね」

「はい。この数字を見て、どうしても児童サービスの向上に目を向けがちになっていた自分も、大人の利用者さんのことも考える必要があると思いました」

翔子は、千夏の横顔を頼もしく感じた。メモを書き終えた洸太も、千夏に羨望の眼差しを向けている。

その後翔子は、齊藤さんが話した、トイレでお弁当を食べていた利用者のエピソードを引き合いに、利用者を見てサービスを改善することの大切さを説明した。

参加した職員たちは、思い思いにペンを走らせている。

「お二人が想像以上にいろんなことを学び、考えていることがわかり、今後の図書館の未来が楽しみになりました。報告ありがとう。それで、今後はどんな予定にしているのでしょうか？」

「はい、それが、利用者さんを見ることはよくわかったのですが、それ以外にこの図書館ではどんなことをすればいいのか……。あと、うちの図書館にある膨大な数のレファレンスブックも活用しきれていないと気づきましたし」

翔子は話しながら考えを整理する。

「つまり『利用者を見る』などの行動の根底に、私たちが持っておくべき意識や姿勢などをもっと深く理解することで、レファレンスサービスを職員全員で納得感を持って進められるんだろうなと思いました。知識ももちろん大事ですが、基本の考え方を深く知りたいので、『司書トレ』を見直しつつ、齊藤さんにもまたご相談していきたいと思います」

翔子はその後、齊藤さんと名刺交換で話した内容を共有する。

そして今後、取り組みについて困ったことがあった際には相談する、と約束したと報告すると、小さなどよめきが起こる。周囲の人の気持ちを代弁するように、長谷川館長が「さすがの行動力ですね」としみじみ感心していた。

この日、定例会が終わると、早速翔子は齊藤さんにセミナーのお礼メールを送った。さらに、今後のレファレンスの取り組みをどのようにすればいいか、考え方や姿勢を深く学びたい、と正直に打ち明けた。

翔子、利用者とのコミュニケーションについて考える

翌日。春休み前の小学生に向けたイベント「図書館員のお仕事にチャレンジ」に向け、翔子は先輩職員の手伝いをしている。当日配る資料も印刷し終え、事務室の自席に戻りメールソフトを開くと、齊藤さんから返信が来ていた。

そこにはセミナーへの参加のお礼と、翔子が送ったメールの内容を踏まえて「先日のセミナーの内容は、レファレンスに関するかなり入り口の話だったので、よろしければもう少し具体的な話をしましょうか？」という提案が書かれていた。「もしタイミングが合えば、どこかでお時間作ります」と丁寧に書かれている文章を見て、翔子は急いで千夏や館長に報告した。

「そんな機会をつくっていただけるとは、ありがたいですね。齊藤さんもお忙しいと思うので、あまりお時間を取らせないよう気をつけて行ってきてください」

長谷川館長から背中を押してもらい、翔子は急いで返信をした。

そこからはトントン拍子で齊藤さんと会う話が進み、十日後の午前中、千葉駅の喫茶店で待ち合わせることとなった。

「そういえば、こないだのセミナーでも齊藤さんが話していたことなんだけどさ」

翌週、翔子は千夏との昼休みの時間に、ふとそう切り出す。どうやら齊藤さんに会う前に、改めてレファレンスに関して復習をしているという。

「図書館は情報リテラシーを担保する機関である、みたいなこと言っていたじゃない？」

「ああ、そうですね。これからの時代は情報リテラシーが欠かせないから、と」

千夏はおにぎりを頬張りながらそう返す。

「『司書トレ』を見ていたら、インターネット情報を活用するうえで、三つの問題点を把握しておきましょうって言っていて。それが『①信頼性の問題、②再現性の問題、③情報の鮮度の問題』ってなっていたんだけど、②の再現性ってなんだかわかる？」

千夏は「うーん」と唸りながら「再現性って、他の人がそのやり方を実践しても、同じ結果になる……みたいなことですよね。でも、それがどうインターネットの問題と関わるのかは考えが及ばないです」と続ける。

「そうだよね！この辺もさ、齊藤さんに聞いてみちゃう？」

「たしかに、それがいいかもしれませんね」

「あと、セミナーの質疑応答でさ、利用者とのコミュニケーションも大切だって話、していたじゃん。挨拶をするとか、書架整理をきっかけに話してみて……みたいな」

「おっしゃっていましたね。あの辺、実践したいけど、なんだかわざとらしくなってしまいそうで難しくないですか？私の考えすぎかもしれないですけど」

千夏の発言に共感しながら、翔子も「いや、わかるよ。たぶん齊藤さんはそういうのを自然にできてきたんだろうけど、私は利用者さんとの距離感とか、まだつかみきれていない気がする！」と返す。

「そうですよね。実際どんなふうに業務を進めて、そこでどんなコミュニケーションが生まれていたのかもぜひ聞きたいです」

千夏の前向きな発言に、翔子も嬉しくなった。

「たしかに！　話したいこと整理しとかないとだね。せっかくいただいた貴重な時間だから」

翔子はやる気に満ちた表情で、そう話す。

第3章

翔子、齊藤さんからレファレンスサービスに対する姿勢を学ぶ

翔子、齊藤さんとの待ち合わせ場所へ向かう

三月の下旬、新学期が近づいてきた晴れの日、翔子と千夏は齊藤さんと待ち合わせをしている喫茶店へ向かうため、千葉駅に降り立った。

「東口だよね？」

「そうです。あ、こっち側ですね」

二人は、タクシーやバスが行き交うロータリーに沿うように歩く。千夏は、数年前に降り立った時と、だいぶ景色が変わった街の様子を物珍しそうに見渡しながらそう返す。

横断歩道を渡り、広い道路から一本入ったところにある喫茶店が見えてきた。この店は、事前に翔子がネットで調べて見つけた店だった。

微笑みながら「いらっしゃいませ」と出迎える店員さんに、「予約していた遠藤です」と伝える。スムーズな接客で、二人は奥の角にある席に案内された。

「齊藤さんがいらっしゃるのは、ちょうど三十分後ぐらいだね」

壁にかかった時計に目を向け、翔子がそうつぶやく。二人はホットコーヒーを頼むと、『司書トレ』や先日のセミナーのメモを見返し始める。

少しの沈黙が流れた後「そういえば」と翔子が何気なく切り出す。

「こないだ、うちの母親から電話があったんだけど。『明治時代の頃の本を読んでいたら、その時代の言葉で少し気になった表現があって、国語辞書じゃその言葉の語源まではわからなかったんだよね』って、ただの雑談みたいな感じで話していてさ」

「へぇ〜、好奇心旺盛なんですねお母様も。あれ、ご実家って近いんでしたっけ？」

「まぁまぁ近いと思う。電車で一時間もかからないよ。それで、だったら『レファレンス』っていうのがあるから図書館行ってみたら？って教えたの。今度、近所の図書館に行くみたい。来週もし時間があったら、一緒に行ってみようかと思っているんだよね」

「すごい！お母様も行動的なんですね」

「どうだろうね。ちょっとミーハーで、衝動的に行動するところがあると思う」

千夏は、翔子と母親の共通点を知ったような気持ちになり、思わず微笑む。

「ふふ。素敵です。お二人で図書館に行ってみたら、また聞かせてくださいね」

翔子、レファレンスの役割を改めて理解する

雑談から少し経つと、喫茶店のドアが開く。

「あ、齊藤さんいらっしゃったね」

齊藤さんは少し店内を見渡しながら、店員さんに案内され二人の席へと向かってくる。

「ああどうも、おはようございます」

セミナーのときと同様にハキハキとした口調でそう二人に挨拶をする。翔子と千夏も「おはようございます。この度は貴重なお時間をいただきありがとうございます！」と少し緊張しながら深々と頭を下げる。

「いえいえ。先日はありがとうございました。すぐまたメールをくださって、行動力に驚かされました。今日もぜひよろしくお願いしますね」

齊藤さんは午後から講義があるようで、鞄に入った資料を整理しながら、丁寧にそう話す。


この日は、先日のセミナーからさらに踏み込んで、より「レファレンス」に特化したお話をしていただくことになっている。その前に、翔子は自館の現状や、最近の予習・復習で気になっていたことを報告する。

「齊藤さんのセミナーにあったように、貸出冊数の変化……あれはひとつのデータの例として出したのだと思いますが、当館でも試しに資料を見てみたらたしかに一般書と児童書の貸出冊数には大きな違いがありました」

「ああ、やはりそうですよね」

「はい。当館の場合は、一般書が児童書の二倍ほど。他にも市内の図書館のさまざまなデータを見ていたら、とある地域の図書館は児童書の中でも知識に関する本がものすごく貸出されていたり、別の地域だと障がい者向けの資料が数多く貸出されていたり……数字から見えることと言いますか『現状を見て需要を把握する』ことの意味が少しずつわかってきたような気がします」

齊藤さんは感心して「地域のさまざまな情報を見られたんですね。おそらく教育機関、障がい者施設などの位置も関係しているのだと思いますが、そうやって情報を知ることで見えてくることもありますよね」とコメントする。

隣に座る千夏は、補足するかのように「あと……当館のレファレンスの件数も、毎年、約二百件ずつ増える傾向にもあります」とつぶやく。

二人の積極的な姿勢に、齊藤さんは微笑みながら「そうなんですね。では、ますますお二人の活躍の場が増えそうですね」と相槌を打つ。

「あと、気になったことが他にもあるのですが、質問してもよろしいでしょうか？」

「もちろんですよ。なんでも聞いてください」

翔子は前のめりになりながら「ありがとうございます！」と返すと、ノートのメモを確認しながら話し始める。

「ええと、自分なりにレファレンスについて調べる中で、レファレンスは資料と利用者さんをつなぐ役割だといった表現も見ました。たしかに、知りたいことがある利用者さんと、それを解決する資料をつなぐ役割があると私なりにも納得したんですが、齊藤さんはどのように考えていらっしゃいますか？」

齊藤さんは、翔子の目を見つめながら話し始める。

「そういう解釈もできると思います。図書館法第三条にも、図書館は地域資料や図書など、さまざまな資料を収集し、利用者が求めるものを提供するよう記されていますよね。その原則に従うべきという意味で、遠藤さんの話す内容も合致しているように思います」

そう話すと、齊藤さんはホットコーヒーをひと口飲む。

「さらに私は、利用者が自分で調べる力を身につけること、そして再び図書館を利用してもらう機会をつくることも、レファレンスの役割だと思います」

齊藤さんの話がわかるようなわからないような、絶妙な表情で翔子と千夏はメモをとっている。

「私は、利用者には、レファレンスをしながらどうやって調べるかを理解してもらおうという意識で接してきました。そして『自分で調べられる楽しさや達成感』を感じていただきたい。そうして、図書館に来れば自分の課題が解決する、と認識してもらい気軽に訪れることができる存在になれれば、まさに先日話した図書館の機能を果たしているといえますよね」

翔子はようやく意味を理解した。それと同時に（たしかにセミナーで言っていた、自分で調べられた喜びを利用者さんも体感できたら「また次も自分で調べてみよう」と前向きな気持ちになれるかも）と理解する。

そして、過去に書いた、自分なりの課題メモ「レファレンスサービスのゴールとは何なのか？　知りたい」の答えが、ここにあるように感じられ、齊藤さんの話にますます興味が湧く。

翔子、インターネットの三つの問題点を学ぶ

「そういえば、セミナーの話はお二人にとって簡単すぎたりはしませんでしたか？」

メモを真剣に見つめていた翔子を気にかけ、齊藤さんはそう問いかける。

「はい。『司書トレ』やご著書に書かれていたことと少しずつリンクしていて、でもまったく知らなかったこともあり、本当に興味深く拝聴しました。……あ、でも少し気になっていたことがあります！」

「なんでしょう？」

「セミナーで、インターネットと本の両方を活用する必要がある、という話をされていたと思いますが、実際に齊藤さんはどのように組み合わせていますか？　私としては、情報の速さという意味ではやはりインターネットが強いと思っていて、スマートフォンで簡単に調べられることもありすぐ頼ってしまうので伺いました」

齊藤さんは目を細めながら「たしかにインターネットは便利ですよね。私もよく使いますし、論文などは検索しやすいのでデータベースは特に活用しています」とコメントする。

「まず、どちらがいいかというよりは『図書館職員は出典を明確に示すことが大切』という意識で調べることが大事だと思います。例えば言葉を調べるなら『日本国語大辞典』、歴史に関することなら『国史大辞典』などをささっと見てしまいます。ただ、先日話したようなＡＩに関する話題であればインターネットでいくつかの情報をあたったほうが

いいかもしれない。調べる内容によって使うツールは変わりますし、もちろん、本とインターネットの両方を見るケースも非常に多いです」

「なるほど……！　そっか、そうですよね。先日話していたように、一つ以上の情報にあたるということを考えたら、ますます本とインターネットをハイブリッドして活用する意味がありそうですね」

隣の千夏も、翔子の発言に同意するかのようにコクコクとうなずいている。

「ただ、インターネット情報を活用するうえで、三つの項目を理解しておく必要があると思います。それが、『①信頼性の問題、②再現性の問題、③情報の鮮度の問題』なんですが」

齊藤さんの話を聞いて、翔子と千夏はアイコンタクトをとる。ちょうど、二人で事前に話していた『司書トレ』の内容と通ずる発言だったためだ。

「まずは『①信頼性の問題』から話しますね」

「ありがとうございます。これは、セミナーでも少しお話しされて

インターネット情報を活用するうえで把握しておきたい問題点

① 信頼性の問題

⇒発信している人が誰なのか？　責任の所在がわからないため出典が明らかな情報を提供するのが難しい

② 再現性の問題

⇒リンク切れやサイトの閉鎖などで、そのページにアクセスできず情報を「見られなくなる」可能性がある

③ 情報の鮮度の問題

⇒インターネットには古い情報も残っている。サイトの信頼性を考えるとともに、それが最新の情報かどうかを確認する必要がある

いましたよね」

セミナーのメモと齊藤さんを交互に見ながら、翔子はそう話す。

「そうですね。その時も、本というものは、執筆後の見直しや編集、校正などいくつもの工程を経てつくっている以上、信頼性が高いものだとお伝えしたと思います。でもインターネットの場合は、正しい情報なのかどうかわからないものもあふれていますよね」

「なるほど」

「ただ、ある研修会でそう話したら『本だって間違っていませんか？』と言われたことがあるんですよ。たしかに、一部が間違っていることもあるにはあるかもしれませんよね」

翔子は（私も時々誤植を発見することがあるな）と考えていた。千夏は時々表現が強い本を見かけ、客観的な視点を欠き、これにただ扇動される人がいるかもしれないという危機感を覚えたこともある。

「ただ、本とインターネットの大きな違いは、責任表示にあると思います。インターネットの情報だと、誰がそれを書いたのか曖昧な場合も非常に多い。一方で本は出典や著者、編集者、出版社など、誰がこの本に関わり責任を取っているのかが明確ですよね」

「著者や編集者、出版社などは、流通上必要だったり、『これは私が書きました』とアピールするものであったりするのかなと思っていましたが、そういう役割にもなるんですね」

ペンを走らせながら感心する翔子を、齊藤さんは温かな眼差しで見つめる。

「そうなんですよ。誰がこの本の責任をとっているかが明確であるという点が、信頼に足るところだと思います。この性質がインターネットにはあまりないということを、認識しておいてくださいね」

二人は齊藤さんの言葉を肝に銘じ、力強く「はい！」と返事をする。そのまま滑らかに、齊藤さんは「では次の『②再現性の問題』のところに移ります」と促す。

すると翔子は「あの、この部分なんですが、事前に『司書トレ』でも再現性の問題という項目を拝見していたものの、あまり理解できなかったんです。ちゃんと理解したくて、ぜひ詳しく教えていただきたいです！」と申し出る。

千夏も小さく「お願いします」と言うと、メモをとる体勢に入る。

「そうだったんですね。勉強熱心で嬉しい限りです」

齊藤さんは頬を緩め、そう二人を労うと、話を続ける。

「まず再現性というのは、その条件にさえ合わせれば、いつでも同じ結果になるような意味がありますよね。こういうとき『再現性がある』といいます。これはサイトに訪れる場合も同じことがいえます。そのリンクをクリックしたり、ＵＲＬを入力したりしたら、いつでもそのサイトが閲覧できますからね。……しかし時々『このページは存在しません』となっているサイトを見たことはありませんか？」

翔子は以前、気になって見ていたブログが急に『存在しません』と表示されてびっくりした経験がある。

「たしかに、何度か見たことがあるかもしれません。もうあのサイトはなくなってしまったの？と、けっこう悲しかったですね」

「そうですよね。でもインターネットの場合はそういうことが珍しくない。だから、レファレンスでインターネット情報を活用する場合は、その情報がなくなる可能性があるということを頭に入れておきましょう」

「その際に、何か気をつけることと言いますか、やるべきことなどはあるのでしょうか？」

「レファレンス記録をとる際に、レファレンスの回答、その情報が載っているサイトのＵＲＬとともに閲覧年月日も記しておく。あと、できればそのページをプリントアウトして、記録に添付しておくことまでできたらベストですよね」

隣で千夏も「なるほど……プリントアウトすればたしかにページがなくなっても、その情報にたどり着けるわけですね」と相槌を打つ。

齊藤さんは、二人が理解した様子を見守ると、嬉しそうに再び口を開く。

「では最後の『③情報の鮮度の問題』に触れていきます。学生への講義で、情報を探す際にインターネットを使うこともあるんですが、中には『検索結果の一番上に出ている情報が最も新しい』と解釈している学生もいるんですよ」

二人は「えっ」と思わず声を上げる。

「……そうなんですね？　あれは、更新日に関係なく、検索サイトのアルゴリズムやいろんな仕組みによって表示順が変わりますが、知らない方も多いんですね」

目を丸くしながらそう話す翔子に、齊藤さんも「そうみたいです」と返す。

「そういう事情を知っていれば問題ないと思いますが、そのサイトに書かれている情報がいつのものなのかをチェックしたうえで活用しましょう、ということをお伝えできればと思いました」

齊藤さんの解説を聞くと、千夏も深くうなずき、こうコメントする。

「わかりました。たしかにインターネットでいろいろ調べてみると、十年前の情報が『最新メニュー』『今年のおすすめ商品』などと書かれているものはよくありますよね。更新日の記載なども注意深く確認するように気をつけます」

澄んだ瞳でそう話す千夏を、齊藤さんは微笑みながら見つめる。

翔子、利用者とのコミュニケーション方法を理解する

インターネットに関する説明を終えた齊藤さんはホットコーヒーに手を伸ばし、ふと窓辺に目を向ける。近くのバス停では数名が列をなしていて、歩行者も三十分ほど前より増えている。昼が近づくにつれて、街に活気が出始めているようだ。

「そういえば、お二人は現在、レファレンスという意味で利用者とどんなコミュニケーションをとられていますか？」

「もともとやっていたことではありますが、セミナー後はもっと意識して挨拶をするようにしています」

「素晴らしい心がけですね」

「いえいえ。齊藤さんは、セミナーでもコミュニケーションの大切さを説かれていて、私も深く納得しながら聞いて

いました。あと、書架整理などで業務をしているとそのついでに話しかけられることもある、ともおっしゃっていましたよね」

「そうですね」

齊藤さんとの会話で、翔子は先日の千夏との疑問を思い出す。

「でも、先日私たちの間で話していたんですが、利用者さんとの距離感がまだイメージできておらず。排架や書架整理をしながら利用者さんの近くにいくと、邪魔していないかな？　と気になるんですよね」

「なるほど」

「それに、利用者さんの様子を見ていると、皆さん、本と向き合う時間を大切にしているように思えます。誰とも話したくないような方が多いように見えるので、そこはそっとしておきたいと思いますし……！」

自分の気持ちを代弁してくれたとでも言うように、千夏も勢いよく首を縦に振る。

齊藤さんは、二人の不安を取り除くように語り始める。

「もちろん話したくない人、自分で本を見つけたい人もいると思います。そういう方は、遠藤さんが話されるようにそっとしておくのがいいですね！　でも、困っていて心の中で助けを求めている人も、中にはいます」

翔子はその先を知りたい気持ちを抑えきれず、早口になりながら「それの見分け方って何かあるんでしょうか。齊藤さんは利用者さんのどんなところを見られていましたか？」と尋ねる。

齊藤さんは、そんな翔子の姿勢を微笑ましく感じたようで柔和な笑顔になる。

「そうですね、普段から周囲に目を配るようにしていると、OPACを長時間操作している人や、何度もOPACと棚を行き来する人、棚の同じ場所を眺めている人など、何かを探していそうな人がいることに気づくと思います。そういう方に声をかけていくことから始めるといいのではないでしょうか」

翔子はメモをとると顔を上げ、自分が以前買い物をしていた時の店員さんとのコミュニケーションを思い出した。

「少し違うかもしれませんが、以前洋服を買いに行った時に、二つのうちどちらを買うか迷っていたことがあるんです。裾のデザインや、シルエットが微妙に違っていて決めかねていた時『ご試着されますか?』と案内されて、それがすごくありがたかったんですよね」

「そうだったんですね。でも本当に、その感覚に近いものがあるかもしれないですよ」

「やっぱりそうですか！　私、店員さんとの会話も楽しめるタイプなんですが、時には自分で吟味したいこともあるので……店員さんってその塩梅が難しいですよね。でも、悩んだときは店員さんの意見も聞きたいな、着回しのアイディアを聞きたいな、とも思いますし。図書館職員も、そういうタイミングを大切にするべきなんですね」

齊藤さんは、翔子の話に補足するかのように、とあるエピソードを話し始める。

「実は以前、科目等履修生の中に元アパレル店員だった方がいて、まさにそんな話をされていました。店員さん目線で言うと、いきなり声をかけるとだいたいササっと店員さんを避けるように去っていくらしいんです。でも、何かを手に取って少し悩んでいる方に話しかけると、スムーズに案内できる、と。それとレファレンスって同じなんですねと、その人も話していたのを思い出しました」

翔子は自分の解釈が合っていたと感じられるエピソードを嬉しく思い、目を輝かせる。

翔子、排架、書架整理の意味を知る

真剣な表情で二人のやり取りを見守っていた千夏は「というと、もし困っている方がいたら、その方めがけてカウンターや他のところから素早く駆けつければいいのでしょうか……？　いやでも、それも変ですよね」と疑問を投げかける。翔子はその話を聞きながら（利用者さんからするといきなり来られてびっくりしそうだな）と考えていた。

齊藤さんは「いえ、それよりも……」とつぶやくように言葉を選び、そのまま続ける。

「こちらもセミナーでお伝えした話と通ずるのですが、排架、書架整理のついでに話しかけるような、わざとらしくない範囲で近づくことが大事だと思います。いきなりこちらに向かって来られたら、利用者の方も萎縮しちゃいますよね」

翔子と千夏は「そうですね」と同意する。

「ところで、この排架、書架整理は普段からされていますか？」

二人は顔を見合わせながら一瞬沈黙すると、翔子が「はい。しているときもありますが、多くはボランティアさんにお願いしています」と打ち明ける。

「そうだったんですね。忙しいと、そういう分業をすることもありますよね」

二人をフォローしつつ、齊藤さんは排架や書架整理の大切さを説明し始める。

「利用者に自ら近づいていく方法として、排架、書架整理は非常に有効だと思います。困っている利用者に来てもらうだけでなく、自分から近づいていくことも大切。でもそれを不自然にやっては、居心地のいい図書館ではなくなってしまう。あくまで自然にやるために、排架、書架整理を日常的にやるようにしてみてはいかがでしょうか？　もちろん、業務体制などによると思うので、皆さんと話し合ってチャレンジしてみてくださいね」

翔子は「はい」と返事をしながら「排架、書架整理は利用者さんと自然に近づける大切な業務」と力強くメモに記す。

「さらにですね、排架、書架整理のいいところは他にもあるんですよ。何かご存知ですか？　セミナーでも少し触れたことではあるんですが」

その言葉を聞くと同時に、翔子と千夏はセミナーのメモを眺める。一行一行目で追っていた翔子の横で、千夏が何かを見つけたように「あ」と声を漏らす。

「ええと、書架整理や排架をしながら館内を歩いていると、意外と話しかけてくれる利用者がいたり、頻繁に利用される棚があることに気づいたりする……というメモが見つかりました。たしか……需要がわかる、といった話をされていましたよね」

齊藤さんはにっこりと微笑むと「そうです、その部分です」と弾んだ声で千夏に反応する。

「排架、書架整理をしていると、利用者の傾向、利用されている書架がわかるんです。この意味で、私は排架や書架整理をしている人でなければ、レファレンスはできないと思います」

齊藤さんの言葉を受けて、翔子は「あの、すみません。私たちがその辺を十分にできていないから想定できないのだとは思うのですが、具体的にどのような傾向が見えてくるのでしょうか?」と問いかける。

「そうですね。まず私は立川にいた頃、書架整理、つまり利用された本を戻す作業によってその図書館の大体の利用傾向を無意識に把握できるようになりました」

さらっと二人にとってハイレベルなことを話す齊藤さんに、翔子と千夏は思わずメモをとる手を止めて顔を上げる。

「それに、排架をすることで利用者がどの本を手に取ったか、その形跡が見つかる。つまりよく利用されている書架がわかるということになりますよね」

「なるほど」

「例えば立川の図書館には、韓国語、英米語、中国語などさまざまな外国語資料があります。私はレファレンス担当として働いていたので、貸出に関わる業務はしていないんですが、それでも排架、書架整理の積み重ねでどのジャンルのどの言語の棚が使われているかが、完全に頭に入っているわけですよね」

翔子と千夏はそれぞれ、感嘆の声を漏らしながら聞き入っている。

「一番使われているのは中国語の棚なんですよ。排架する量が圧倒的に多いからそう理解できるようになる。その中でも小説が一番使われていることまでわかる。そうなると、中国語を勉強したい人というよりも、中国人が自国の小説を楽しみたいんだなということまで見えてくる。実際、中国の方ってたくさん図書館に来られているんですよね」

「そうか！　書架整理で貸出の傾向がわかり、排架でよく見られている棚がさらにわかる、と。貸出業務に関わっていないとわからないことだと勝手に思っていましたが、こういう側面からも把握することができるんですね」

翔子がそうコメントすると、千夏も「そうですよね。忙しいからとボランティアさんたちに甘えていた自分が恥ずかしいです。レファレンスに携わるなら、そういう作業も必要なんですね」と、自分に言い聞かせるように話す。

翔子、レファレンスブックの重要性を学習する

翔子と千夏がこれまで抱えていた疑問は、齊藤さんの解説によってどんどん解決されていく。「知る楽しさ」に包まれた二人の表情は、レクチャー前と比べて格段に明るい。

ひと通り説明を終えた齊藤さんは、自身のパソコンに書かれたメモをチラッと見ると、セミナーの冒頭で触れていたレファレンスブックについて話し始める。

「そうそう。排架と書架整理とは別で、レファレンスブックについてもぜひお話ししたいんですが、このまま話してしまってもいいですか？」

適宜こちらを気遣う齊藤さんに小さく頭を下げながら、二人は同時に「もちろんです。ありがとうございます」と

元気に返事をする。

「ちなみにお二人の図書館ではレファレンスブックをどこに置かれていますか？」

翔子は少し天井の方を見上げて考えると、「ええと、入り口の正面に階段があり、その右側の少し奥まったエリアに置いています。私たちはその逆側、入り口の左側にあるカウンターや地域資料があるほうに普段いるので、カウンターからは見えない位置にレファレンスブックが置いてあるようなイメージですね」

齊藤さんは翔子の説明を咀嚼するようにうなずくと「なるほど。では、少し離れているのですね」と返し、そのまま説明を続ける。

「他の図書館の傾向としてもそうですが、地域資料やレファレンスブックなどの少し地味な資料は、図書館の奥のほうに置かれている場合が多いですよね。こういった資料を見る人はゆっくり調べ物をしたい可能性が高い。だから、人目につきにくい場所に配置している図書館が多いようです」

翔子は、自分の図書館でレファレンスブックを閲覧室の手前に置いていることには、調べ物をしたい人に対する配慮があったのだと気づいた。

「そして、レファレンスブックや他の情報源をもとに、図書館職員が情報の取捨選択をし、利用者に最終的な情報提供を行うという意味で、レファレンスブックも人的支援に含まれると、私は考えています」

「なるほど。それほど大事なツールだということですね」

「そうですね。さらに、利用者に調べる力を身につけてもらうことが図書館職員のミッションでもある。だからレフ

レファレンスサービスのゴールとは？

●利用者が、自分で調べる力を身につける

●図書館に通うきっかけをつくる

レファレンスの過程で調べ方を見せたり説明したりすることで資料の調べ方を理解してもらう

⇒自分で資料を見つける楽しさや達成感も得られる

(例) レファレンスブックを利用者と一緒に見て調べる

その結果…

「図書館に行けば自分の課題が解決する」と思ってもらえて、図書館に通うきっかけにつながる

ァレンスをする職員の近く、レファレンスデスクの近くに置いてすぐ調べられるようにしたり、レファレンスブックを利用者と開きながら調べ方をレクチャーしたりするのも大切だと思います。ここは、自館の書架の配置や、運営状況によると思いますが……ぜひ知識だけでも入れておいていただけると嬉しいです」

二人は、レファレンスブックの新たな意味、活用方法を理解した。

「ちなみに、実際にレファレンスブックはどのように役立つのか、改めて教えていただいてもよろしいでしょうか？ 過去にあった相談でもいいのですが、具体的にイメージして、しっかり理解したいと思いまして」

翔子は前傾姿勢になりながら、齊藤さんに問いかける。

「そうですね。例えば、日本と北京の距離が知りたいとなったら、ネットで簡単に情報が出てきますよね」

翔子が「はい。すぐに調べられると思いますが……」と言いかけると、千夏が隣で「あ、そっか……ええと、でもネットだと出典がないというお話でしたよね」とコメントする。

「そうなんです！　利用者から出典が明らかな情報源を求められる場合があるんです」

　齊藤さんは千夏の気づきに頬を緩める。

「私たちは二つ以上の、出典が明らかな情報を確認して裏を取りたい。さらにインターネットだといくつか異なる情報が出てきてしまったりするんですよ。そこで活用できるのが、『理科年表』というレファレンスブックですよね」

「そうか、そこで出典としてレファレンスブックを使うんですね！　たしかに、インターネットだとサイトごとに異なる情報が載っていて、混乱したことがあります」

　そう打ち明ける翔子はふと、先ほどインターネットの問題として紹介された「①信頼性の問題」を思い出す。（こういうインターネットの性質をちゃんと頭に入れておかないとだよね！　このリスクも知ったうえで、しかもレファレンスブックがすぐに頭に浮かぶ考え方を身につける、ってことか！）と自分に言い聞かせながら、ペンを走らせる。

翔子、図書館は地域の情報源であるべきだと気づく

　齊藤さんのレクチャーを受けて、二人はレファレンスにおける姿勢が少しずつ理解できてきた。ここで一旦、齊藤さんが私たちに投げかける。

「……と、ここまで一気に喋ってしまいましたが大丈夫ですか？　何か気になるところがあれば遠慮なく教えてくださいね」

スーツの内ポケットからハンカチを取り出し、額にさっと触れた齊藤さんは二人に微笑みかける。

翔子は千夏の反応も気にかけながら、セミナーでの話について感想を述べる。

「質問というわけではないのですが、セミナーで、利用者さんには図書館に行けばその地域の情報があると思ってもらうことが大切、といったお話をされていましたよね。その言葉を毎日のように思い出すんです。利用者一人ひとりへの対応を大切にする意識はあったつもりでしたが、図書館全体として、地域における役割を果たす……そんな機能までは認識していなかったので」

千夏も、翔子に同意するかのように隣でコクコクと首を縦に振る。

「でも、そういう考え方を知ることができただけでも意識が変わると言いますか……。この考えを周りに広めるだけでも、利用者さんへの対応、レファレンスへの姿勢も変わるのかもしれない！と前向きに思うことができました」

齊藤さんは「うんうん」と小さく相槌を打つとさらに続ける。

「そう思っていただけたら嬉しい限りです。それに、これも書架の配置によるものなのですぐにできることではありませんが、図書館に入ったらまずは地域資料が見える状態になるといいですよね」

翔子と千夏は首を斜めに傾けている。

「その地域の資料が最初に見えれば、図書館を訪れた人たちに『この街の情報がたくさんある場所だ』と思ってもらいやすいですから」

二人は深く納得した。翔子は（書架の配置って、いろんな意図があって構成されているんだ。でも、まだまだ工夫できるところもあるってことだよね）と齊藤さんの話を咀嚼している。

翔子、図書館職員がカウンターから出る意味を知る

気づけば、窓の外ではランチへと繰り出すサラリーマンがちらほら目立つようになってきた。齊藤さんは、限られた時間を気にしながらも、「先ほど話したことよりも、すぐにできそうなこともいくつかお伝えしますね」と前置きする。

すると翔子は、過去に自分が書いた課題メモにある「今できることは？」という疑問を見返す。

（この齊藤さんのアドバイスが、うちの図書館でできることを見つけるさらなるヒントになるのかも……！）

そんな期待を胸に、翔子が「ぜひお願いします！」と力強く返すと、齊藤さんはレファレンスをする際の姿勢についてさらに補足する。

「お二人はレファレンスのとき、しっかりと足を使っていますか？」

「足を使う、ですか？」

翔子は興味津々な様子でそう返す。

「はい。私は、レファレンスサービスを提供する際、図書館職員はカウンターの外に出てその書架に行く必要があると考えています。やはり現場に行かないと生まれない『気づき』もありますから。そして気づきの体験によって、『図

書館で調べる楽しさ』『自分で資料を探す楽しさ』が生まれると思うんです」

メモをとっていた翔子は「あ、カウンターの外に出る、という話はセミナーの質疑応答の時も話されていましたよね！利用者さんとコミュニケーションをとるきっかけになる、と」と目をキラキラさせる。

齊藤さんは翔子の気づきに「そうです。覚えてらしたんですね」と感激すると、丁寧に説明し始める。

「以前、見開きの本のコピーを持ってきた学生さんがいるんですが『コピーした、もとの本が何なのか忘れてしまった』と話すんですよ。でもその本は、その学生さんが書架から取り出してコピーをしたもの。だから『もともと置いてあった棚に行ってみればあるのでは？』ということを伝えまして」

二人は、齊藤さんの話に集中している。

「するとその学生さんは『書架に行ったけど、その本がない』と話すんです。私は貸出中であることも想定しつつ『一緒に行ってみようか？』と声をかけ、書架へと向かいました」

齊藤さんは、当時のことを思い出すように少し遠くの方を眺めながら続ける。

「書架を見ながら、どんな本で、もともとどの辺で見つけたのかを確認すると、中置きの書架の一番右の、一番下のあたりに……大きくて白い本があった、と。私はそこで何となくピンと来て、回れ右をして、反対側の書架を見てみるように促したんです」

そこまで聞いて、翔子はピンと来たようだった。小さく「あっ、そうか！」と声を漏らすと、ほぼ同時に千夏もコクコクとうなずく。

「ふふ、どういうことかわかったようですね。そうなんです、本が増えて少しずつ押し出されたことで、ちょうど反対側の棚に位置が変わっていたというわけなんですよ。これは図書館員なら想定できるかもしれませんが、利用者の皆さんはそこまで考えられない人も多いですよね」

「そうですね」

「だから、一緒に書架に行って、そういう気づきを一緒に体感して共有する。そして利用者の方がまた来館されたときには、もう同じことには悩まなくなる。むしろスムーズに資料を探せるようになるかもしれないですよね」

「足を使う」という言葉の意味を捉えた二人は、視野が広がった喜びを共有するかのようにアイコンタクトをとる。そして翔子は「図書館職員はカウンターの外に出る」「図書館員が、気づきの体験をつくる」と力強くメモに記す。

翔子、レファレンス記録とサービス向上について理解する

二人がメモを書き終わったタイミングを見計らって、齊藤さんは再び口を開く。

「もうひとつ実践してみてほしいことは、レファレンス記録をとることです。お二人の図書館ではレファレンス記録をとっていますか?」

二人が同時に首を横に振り、翔子が返事をする。

「記録はとっていないですが、計数機を使ってその日受けた件数は数えています」

「そうなんですね。件数を知ることも図書館運営でとても大切ですよね。それに加えて今後はレファレンス記録もつけられたら、皆さんのレファレンスサービスの向上にもつながり、いい影響が出ると思います」

「もっと知りたい」とでも言うように、二人は齊藤さんの言葉を静かに待っている。

「お二人は、普段のレファレンスでも、三十分ほどの時間がかかることは珍しくないですよね」

「そうですね」

「でも、それで利用者に感謝されてもその記録は『一件』とされるのみです。利用者の役に立ったこと、それが貸出につながったことまでは、その数字からは読み取れない。だから、図書館の評価としても示しづらいんですよね」

「評価、ですか?」

「そうです。件数だけだと、図書館がどのようなサービスを提供し、どのように利用者の役に立っているのかが市役所や市議会にまで伝わりづらい。そうすると、予算などを確保する際に、レファレンスサービスの必要性が疑問視されかねません。図書館運営が思った方向に進まなくなる可能性が出てきてしまうんです」

翔子は(予算とか、現場にいない人たちに対する説得材料にもなるんだ)と感心しながら話を聞いている。すると千夏がおもむろにつぶやく。

「なるほど、そういう視点もあるんですね……。あ、でも齊藤さんすみません。レファレンス記録が図書館員の普段の業務に影響を与える側面もあるのかなと勝手に思ったのですが、その辺はいかがでしょうか?」

齊藤さんは「待ってました」とばかりに千夏の疑問に答える。

「もちろんその側面もあります。レファレンス記録は、自分が行った調査を書くことで反芻します。そのことが情報源やテクニックを覚えることにつながります。また、今後のレファレンスサービスを助ける機能も果たすんです。お二人もレファレンスをする中で『レファレンス協同データベース』などを活用して、過去に同じような質問・相談がなかったかを調べたり、その時の対応を参考にしたりしますよね」

・『レファレンス協同データベース』

https://crd.ndl.go.jp/reference/

「こういったものも、さまざまな図書館でのレファレンス記録を活用してつくられています。お二人も、こういった情報に助けられたことがあるのではないでしょうか？」

翔子はちょうど昨日、三国志に関するレファレンス対応をするときに『レファレンス協同データベース』を活用した。（たしかにあの情報を見たおかげで、いくつかの本にすぐあたりをつけて短時間で対応できたな）と思い返していると、千夏が反応する。

「そうですね。まさに数日前も『レファ協』見ました。過去の人たちの知恵が詰まったデータベースという印象で、本当に参考になります」

「そうですよね。そういった取り組みを自館でも行えば、過去の記録を参照しながら効率よくレファレンスができるようになるかもしれません。特に、地域資料に関するレファレンス記録は、総田市でしか蓄積できないものも多いでしょう。最初は大変かもしれませんが、少しずつ未来のレファレンスサービスを助けられるようになると思いますよ」

「なるほど。その結果として、レファレンス記録がサービスの向上につながるんですね」

翔子がそうコメントすると、ちょうど隣のテーブルに座っていたお客さんたちが席を立ち、会計へと向かっていく。その流れで翔子が壁の時計に目をやると、ちょうど齊藤さんと約束した時間が終わるタイミングだった。

齊藤さんもそれに気づくと「おっと、あっという間でしたね。今日はここまでですが、今日話した基本的なところをぜひ実践してみてください」と話す。

そして改めて、インターネットの問題点を認識すること、排架・書架整理の意味、レファレンスブックの重要性、カウンターの外に出ること、レファレンス記録をとること……と、今日のポイントを簡単におさらいすると、午後からの大学での授業に向かう準備を始める。

翔子は齊藤さんに深々と頭を下げ「ギリギリのお時間までありがとうございます。それぞれのアドバイスはもちろん、その意味や理由まで丁寧に説明していただいたおかげで、図書館に持ち帰って実践できそうなことが理解できました。全部を一気に、ということは難しいですが、上司にも報告しながら少しずつ進めたいと思います」とお礼を告げる。

齊藤さんは「また困ったことがあればご連絡くださいね。もちろん困ったことがなくても、進捗などぜひ適宜メールをいただければと思います」と柔らかな口調で話すと、二人の目を見つめて丁寧にお辞儀をし、店を後にする。

翔子、レクチャーを振り返りながら帰る

齊藤さんのレクチャーが終わり、自分たちの図書館へと向かう道中、二人は振り返りをしていた。

「私、ネットは調べ物をするのに便利だなって純粋に思っていたけど、もう少し解像度を上げて問題点を認識しておく必要があるんだなって思ったよ」

「そうですよね。そしてハイブリッドな活用をもっともっと意識する余地があるなぁと、私も自分のレファレンスを振り返って思いました。もちろん、インターネットだけじゃなくレファレンスブックも活用して、ですね」

「そうそう！　私どうしてもOPACで調べて、そこで出てこなくても粘ってOPACに張り付いちゃうときが結構あるんだよね。齊藤さんの話を聞いて、そういう自分のクセにも気づいたし、レファレンスブックとか他のデータベースとか、視野を広げて動くべきなんだなって」

千夏も深く共感し、二人は齊藤さんからの教えを生かす決意を語り合いながら職場へと歩を進める。

翔子、定例会で新たな疑問を抱く

翌週、定例会で二人は齊藤さんと会ったこと、当日のレクチャー内容を共有した。

「……そして、私たちがすぐに実践できること、意識すれば変わる部分が、資料の右上にある『カウンターの外に出て気づきの体験を』という項目です。利用者と一緒に動くことで、利用者が資料を見つけられなかった事情に気づく。先ほど話した、本が、もともとあった書架からずれて一列隣に移った事例はまさにそうですよね。そういった事情がわかると、私たちも次のレファレンスでその可能性を考えながら案内できますし、利用者の方も次から同じことで悩まなくなる。この気づきの体験をつくることを皆さんで意識していきたいと思っています！ そのひとつの解決策といいますか、行動例が、排架、書架整理です。利用者が話しかけやすい空気づくりにもつながるので、まずはボランティアさんが手薄になる日曜日と月曜日に、私と木村さんの二人でこれまで以上に排架、書架整理の時間をつくるようにします。来週から一時間程度で区切って、ローテーションで進められればと思います」

齊藤さんのレクチャーまとめ

●インターネットには信頼性・再現性・情報の鮮度の問題がある

責任の所在がわからない、サイトが見られなくなる、古い情報が載っている（可能性がある）……という性質を知っておく

●レファレンスでは、利用者自身の調べる力を養うことを意識する！

調べ方を見せる。「資料を見つける楽しさ」を実感してもらうことで、図書館に通うきっかけに

●排架・書架整理には多くの意味がある

困っている利用者と自然なコミュニケーションがとれる。利用傾向まで把握できる

●カウンターの外に出て気づきの体験を

利用者と一緒に資料を探す。資料を自分で見つける体験、外に出ないとわからない「気づき」を味わってもらいながら、調べ方を学んでもらう

●レファレンス記録はサービス向上を助ける

過去の記録を参照すれば、効率よくレファレンスができる。記録から、図書館の需要や利用者の声が把握できる。職員のスキルアップにもつながる

翔子と千夏の宣言を受けて、長谷川館長は感心しながら新たな提案をする。

「二人とも共有ありがとう。排架、書架整理などをただのタスクだと認識していた人も、少し目線が変わったんじゃないかと思います。レファレンスブックの活用方法やインターネットの情報の扱い方は、後でお二人のメモを共有してもらってもいいですか？」

「もちろんです」

「皆さんも改めて、知識の復習をする機会をつくってくださいね。あとそうだ、中井さんもこの図書館のことや利用者さんのことを知り、いろんな気づきを得るためにも、排架、書架整理のローテーションに組み込んでもらってもいいかもしれないですね。どうでしょう？」

館長の問いかけに、洸太は「はい……でも、それで利用者さんに質問をいただいても適切に回答できるかどうか……」と自信なさげに反応する。

翔子はすかさず「そうですよね、緊張しますよね」と共感しながら、さらにコメントする。

「たしかに利用者さんに声をかけていただくこともあるかもしれませんが、そのとき、対応に困ったらもちろんサポートします。それよりも、まずはこの図書館ではどの棚が人気なのか、どんな本が返却されているのかを理解することを目標にしてみませんか？　私たちもそこからのスタートなので、一緒に把握してくれる人がいたら助かります」

翔子の言葉を聞くうちに、洸太の硬い表情が変化していく。

「そうですね、そこからなら、僕もいろいろ学ぶ必要があると思っていたので……ぜひお願いします」

頭を下げた洸太に、翔子と千夏は目を細め、お辞儀を返す。翔子は、洸太をローテーションに組み込むことを、メモに書き加えた。

「あと、遠藤さんと木村さんにひとつ質問なんですが」

館長は二人を交互に見つめる。

「レファレンス記録をとる意味など、とてもわかりやすかったです。ただ、これまでに何度も聞かれている質問や、すぐに答えられるものも記録する必要ってあるのでしょうか？　記録をとるもの、とらないものの判断基準があるのか気になってしまいましてね」

まったく想定していなかった質問だったため、二人の動きが一瞬止まった。翔子は（言われてみれば、そこの基準がもしあるなら知りたい……！　最近だと、児童向けのマンガで教養が身につくシリーズ本について何回も聞かれているし、ああいうのは記録しなくていいのかも）と考えた後、館長にこう返した。

「館長、ありがとうございます！　たしかにそうですね。『基準』という観点まで考えが及ばなかったので、また別のタイミングで齊藤さんに確認してご報告させてください！」

館長はにこやかに「うん、ぜひお願いします」と小さくお辞儀をする。翔子は自身のメモに、さらにタスクを書き加える。

第4章

翔子、レファレンスの壁にぶつかる

翔子、母との会話で「利用者目線」に気づく

昼休みが終わり、束の間の落ち着きが訪れたとある日の午後。入荷した本の整理を終わらせ事務室へと歩く廊下で、千夏が翔子に何気なく話を振る。

「そういえば翔子さん、この間、お母様が図書館に行くって話をしていましたけど、どうでした？」

喫茶店で齊藤さんを待っている間、翔子の母が調べものをするため、近所の図書館のレファレンスカウンターに行くという話をしていた。千夏はワクワクとした表情で翔子の返答を待つ。

「そうそう、あれね、ちょうど時間が合わなくて一緒に行けなかったんだけど、こないだ電話で聞いたよ」

「へぇ〜、無事調べられたんですか？」

「う〜ん。母が言うには、求めていた情報には出会えなかったみたい。ただ、母は、職員さんがタイトルが曖昧でも、思いつくキーワードで検索できることを操作しながら案内してくれたことが『新たな発見だった』って嬉しそうだったよ」

千夏は、勝手に翔子の母親をイメージして心を和ませる。

「母のその話を聞いて思ったけど、たしかにＯＰＡＣの操作方法そのものも詳しく知らない人が多いんだろうね。私たちにとっては当たり前のことだけど」

「そうですね。タイトル検索ぐらいしか使わない人がやっぱり多いように思います」

「前、齊藤さんも『学生には、自力で調べて情報を見つける体験をさせてあげることが大切』みたいなこと、言ってたじゃん？　だからＯＰＡＣの操作も利用者さんに丁寧に見せて、説明することって必要なんだろうね」

翔子は自分の考えを整理するように、ゆっくりとそうつぶやき、さらに続ける。

「あと母が言っていたのは、結局いくつか有力そうな本もあったみたいなんだけど、それが市内の別の図書館にあったり、書庫にある、と書かれていたりして……『いろいろ調べてもらって、さらにそこまでの対応をしてもらうのに気が引けちゃった』って。それにその日、母もけっこう疲れていたから、その日にすぐ借りられるものだけを何冊か借りて帰ってきたみたい」

「そうだったんですね。たしかに、翔子さんのお母様のように、遠慮する方もいらっしゃるのかもしれないですね」

「私もそう思った。となると、そういうときは利用者さんに『書庫の本も見てみますか？』とか、こちらから提案したほうがいいのかな？　とか、その距離感も知りたいよね！」

二人は少し沈黙して、自分たちなりに考える。何気なく時計を見ると、あと十五分ほどで翔子が排架を行う時間になっていた。

「あ、そういえばその時母は、聞きたいことをうまく職員さんに伝えられなかったみたいで、いろいろ汲み取ってもらうのに時間がかかっていたみたい。『次は聞きたいことを整理してから行かなきゃ』って、なぜか意気込んでたよ」

「たしかに、質問しながら頭の中を整理している方もいらっしゃいますよね。それでお母様はその後、思うような質問ができたんでしょうか」

「それがその時、母の対応をしてくれた職員さんは結構眉間にシワを寄せていたみたいで……まぁ、無意識だよね、きっと。母の質問を理解するために真剣だったんだと思う。でもそれで母は『こんなこと聞いちゃいけないのかな?』って、ちょっとドキドキして、もっと焦っちゃったんだって」

翔子の言葉を受けて、千夏も普段の自分の対応を思い返す。

「無意識……たしかにその職員さん、わざとじゃないですよね。私も表情がこわばっていたり、目つきが鋭くなっていたりしないか、気をつけないと、と思いました」

「ね! そういうのって自分じゃ気づかないもんね。私も母からその話を聞いてなんだかドキッとしたよ。パソコン使う時とか、画面に集中している時、表情が怖くなっちゃうからさ」

翔子は、レファレンスの根底には、心地よいコミュニケーションが必要だということを千夏との会話で改めて実感した。そのために、利用者にとって質問しやすく、話しかけやすい佇まいもなるべく意識するべきだということを、二人は噛み締めながら事務室の自席へと戻る。

翔子、レファレンスに苦戦する

夕方、翔子は排架に勤しんでいた。春休み明けの先週から始まった、趣味に関連する本などを展示する「新年度にパワーアップするために！ 本に出会って始めよう！」というコーナーが賑わっている様子を嬉しそうに眺めている。

口角を上げながら佇む翔子にふと「あの……」と声がかかる。振り返ると、真っ白なシャツにデニム、口元の髭が印象的な利用者と目が合う。

「はい、どうされましたか？」

翔子は穏やかな表情を意識しながら、利用者に反応する。

話を聞くと、どうやら、現在は隣町に在住で駅周辺の開発エリアにつくられる住宅地への引っ越しを検討しているという。

「この地域の者ではないので、総田市周辺の土地の歴史や駅周辺の地盤がわかる資料を確認したいんです。災害情報などもあればぜひお願いしたくて」

ペンを走らせながら、翔子はにこやかに対応する。

「あと、私が検討しているエリアの南側に工場があるじゃないですか。大手企業だと思うんですが……。その工場について、妻が心配しているんです」

「心配、ですか？」

「住むうえで周辺エリアに悪影響がないか、たぶん臭いや音などの心配をしているみたいなんです。でも私も、あの工場についてあまり知らないから説明できず……。それで妻は日本語も話せるんですが、英語圏出身の人なので、その工場がつくっているものや歴史などがわかる英語の資料などもないかお聞きしたいです。すみません、いろいろ確認したいことが多くて」

「いえいえ、ちょうどこの図書館から北西のエリアですよね。少々お待ちください」

翔子はメモを携えて、古地図のエリアに向かう。しかし思った情報がなく、カウンターに向かい、OPACや『レファ協』などを確認しながら「住宅地図」を視野に入れ始める。

チラチラと利用者を気にしながらも（そっか、うちの図書館なら一九八〇年代ぐらいの住宅地図がいくつかあるはず。これと、地盤は市役所の資料を渡せば大丈夫だよね）と頭の中で思考を整理すると、地域資料コーナーにある行政資料を素早く手に取り、中身を確認しながら、利用者が待つカウンターに戻る。

「お待たせしました。まず地盤についてですが、市が出している情報だと詳しくわかると思うので、こちらの資料をご覧ください。あと、土地の歴史については、住宅地図というのがありまして……少し古い資料のため別の場所にあるのですが」

そこまで言いかけた時、翔子は「一緒に現場に行くことで気づきが生まれる」という齊藤さんの言葉を思い出した。

利用者の男性と一緒に歩きながら、該当エリアの地図が置かれている場所を促す。

「ありがとうございます。住宅地付近の情報はこれでだいぶいろいろわかりそうです」

男性は満足そうにそうお礼を言う。

「あとは、工場の資料ですよね。英語のものがいい……ということでしたね」

地域資料の中でも、この類いの資料を見たことがない翔子は、メモを確認するようにそうつぶやきながら少しずつ焦り出す。（ええと、この工場を運営している会社名で調べるといいのかな。でもこの会社の社長が出しているビジネス本しかヒットしないか……？）などと考えながら、パソコンと棚を行き来する。

利用者には、その行き来の中で「すみません。少々お待ちくださいね！」と声をかける翔子だが、その表情は段々と硬くなる。

気づけば十五分ほどが経っていたようで、利用者が申し訳なさそうに再び翔子に声をかける。

「すみません。面倒な質問をしてしまいましたね。あの……来週も土日のどちらかでこの辺に来る用事があるので、その時でも構いませんよ」

「いえ、こちらこそお時間かかってしまいすみません。本当に、来週でも大丈夫でしょうか？」

自分の発想力やレファレンスへの知識のなさを痛感しつつ、翔子は利用者が来館するタイミングをハキハキとした声で確認する。

「根気強く調べてくださってありがとうございました。またよろしくお願いします」

丁寧にそう話し、お辞儀をして帰っていく利用者の背中を見送ると、翔子はその利用者に気を使わせてしまった自分の行いを反省する。

（利用者さん、不安にさせちゃったかも……。ああ〜もっと落ち着いて探すべきだった！）

それと同時に（明日こそ、英語の資料を見つけないと！もう一回情報を洗い直そう）と力強く決心する。

翔子、周囲の力を借りる大切さを知る

翌日、引き続き工場のことを調べている翔子の目は鋭い。必死にパソコンを駆使しながら、あれこれ考えている。しかし、企業のホームページ以外に、工場のことを記した情報が見つからない。

メールソフトを何気なく見ると、ちょうど、齊藤さんから先日のレクチャーに関するお礼メールの返信が来ていた。翔子は、何気なく「思ったように資料が出てこないとき、地域資料としてその土地の適切な情報が示せないとき、齊藤さんはどんな考え方をして乗り越えていますか？」と齊藤さんに投げかける。

その後、リサーチと事務作業を進めている間に齊藤さんからの返信があった。

そこには、いくつかの考え方のポイントが示されていた。

●人の知識をあてにする

↓考えてもわからないときは、周囲の職員に訊いてみましょう。地域の郷土史家や専門家を知っていることも大切です

●広い視野で物事を見る

↓紙の資料とデジタル情報をハイブリッドして活用しましょう

↓調べたいことが、第何類からアプローチできるか？……多面的に考えましょう

画面を真剣に覗き込み、翔子は昨日、十五分以上利用者を待たせ、自分の発想のみを信じて資料を探していたことに気づく。（そういうとき、自分の考えでは及ばない発想を、他の人に助けてもらっていいんだ！）とようやく気づいた時、長谷川館長がふと翔子に話しかける。

「お、遠藤さん。何か調べ物ですか？」

翔子はすぐに齊藤さんの教えを実践しようと、館長に事情を話した。すると館長はひらめいたような表情を見せる。

「なるほど。その工場に関する質問、ちょうど先週も受けていたと思いますよ。たしか田中さんだったかな。今ちょうどカウンターにいるから聞いてみたらどうでしょう」

翔子は解決の糸口を見つけたような気持ちになり、すぐにカウンターに行き同僚に話しかける。すると、一枚のパンフレットを手渡される。

「実は最近、引っ越し予定の方からの質問が多いので、工場に連絡してパンフレットを大量にいただいてきたんです。ついでに社史も三部ほどご提供いただいたので、利用者さんにも見ていただくといいかもしれません」

翔子は「ありがとうございます！」とお礼を伝えると、翌週に来館する利用者のために資料の準備を進める。

利用者に案内できそうな情報を手にした安堵感とともに、翔子は（こういう情報共有って、今後は個人間じゃなくて組織としてできたほうがいいだろうなぁ。これも、レファレンスの向上に向けた改善ポイントのひとつかも）と、以前書いた課題メモの「図書館全体で、レファレンスサービスが機能する仕組みをつくる」という言葉を思い出しな

がら考える。

翌週、翔子は利用者にパンフレットや社史を共有した。

「写真もあるので、英語表記ではなくとも妻も理解しやすいと思います！　ありがとうございます。パンフレットはこのまま頂けるのでしょうか？　社史はお借りしたいんですが……」

「はい、もちろんです。パンフレットはお配りするためにご用意していたので、一部お持ちください。社史については、お隣の町にお住まいとのことですので、広域利用でお貸出が可能ですよ」

慣れた手つきで対応を済ませると、翔子は達成感とともに、今後の方針を改めて齊藤さんに相談したい気持ちが湧き上がってきた。

その日の夕方、パソコンで事務作業を済ませると、再び齊藤さんに近況を報告する。併せて、今回工場のことで対応した内容を、翔子なりのメモに残したことも伝える。このメモを見てもらいながら、レファレンス記録を書くうえで意識すべきことを知りたい。そう思っているためだ。

齊藤さんからは、すぐに返事がきた。「オンラインでなら一時間ほどお時間取れますよ」との提案をもらい、翔子は齊藤さんのフットワークの軽さに改めて感服しながら、すぐに日時の相談をする。

オンラインでお話しする日は、三日後になった。翔子と千夏は、当日確認することを整理すべく、各々メモをチェックする宿題を課した。

第5章

翔子、レファレンス記録の大切さを学ぶ

翔子、レファレンスでの発想の広げ方を学ぶ

「よし、じゃあそろそろオンライン打ち合わせ、待機してようか」

三日後、昼休みを終えた翔子は千夏にそう呼びかける。パソコンを操作し、翔子は齊藤さんにも事前にメールで送っていたURLをクリックする。音声やビデオのテストを済ませ、こちらの動作に問題がないことも念のため確認していると、ちょうど画面が切り替わり、齊藤さんが入室する。

「あ、齊藤さん、こんにちは」

齊藤さんはすぐこちらに反応し「こんにちは。ご無沙汰しております」と朗らかに返答すると、翔子と千夏は同時にお辞儀をする。

「先日は急なメールに返信いただきありがとうございました」

「いえいえ。利用者の中では珍しい質問だったんでしょうかね。ご苦労されたようで」

そう労ってくれる齊藤さんに、二人は恐縮する。そして、先日翔子が対応したレファレンスについて改めて報告する。

「……それで、住宅地図と自治体のハザードマップを共有したんですが、齊藤さんなら他にどんなものをご提案しま

すか？」

齊藤さんは一瞬考えると、「そうですね。遠藤さんの発想と対応に問題はないと思います。あとは少し研究者寄りかもしれませんが、『日本の活断層図』という本も、地震などの情報を見るうえで参考になるかもしれませんね。東日本大震災の後、地震に対する関心が高まり、かつ立川市には「立川断層」が通っていたので、当時よくご案内しました」と答える。

・『日本の活断層図』／活断層研究会 編／（東京大学出版会）

「その後、社史も同僚の方からいただいたようですよね」

「はい、館内の連携はこれから整えようと思っていますが、危機一髪というか……！　ちょうど同じようなレファレンスを受けた人に助けてもらいました」

「それはよかったです。この社史について補足すると、実は神奈川県の川崎市には、社史をたくさん所蔵している図書館があるんですよ」

「そんなところがあるんですか？」

二人は目を丸くして固まっている。

「はは、そうなんですよ。今はサイトからも見られるようになっていますね。何か困ったら、今後はお電話などで相談してみてもいいかもしれません」

翔子は（こういうところを知っているのと知っていないのとでは、レファレンスの質も変わってくるよね。これもすぐ、定例会で報告しないと！）と意気込んでいる。

・神奈川県立川崎図書館『バーチャル社史室』

https://www.klnet.pref.kanagawa.jp/find-books/kawasaki/shashi-shiryo/virtual-shashi/

その後、齊藤さんは翔子のレファレンスの反省にもつながるような、「姿勢」という点でのアドバイスをしてくれた。

「私たちが大切にしている姿勢のひとつに『発想はやわらかく、調査はしつこく』というものがあります。自分の考えた道が行き止まりになっても、簡単に諦めない、ということですね」

翔子と千夏は「もっと詳しく知りたい」とでも言うように、やや前屈みになりパソコンの画面に近づく。

「私が立川市の図書館にいた時、市内のとある大通りに昔、バス専用レーンがあったが、いつからなくなったのか知りたいと質問がありましてね」

翔子と千夏は心の中で（そんな情報、図書館で調べられるのかなぁ？）と考えていた。その予想を察知するかのように、齊藤さんは話を続ける。

「私はそこで、広報課に聞けばわかるんじゃないか？と思って聞いたのですが、『わからない』と言われ……他に、警祭やバス会社にも確認したものの、わかりませんでした」

「ええ……そうなると、他にあまり選択肢がないように思えますが」

千夏が不安そうな表情でそう反応すると、齊藤さんが微笑みながらコメントする。

「そうなんですよね。それで私もどうしようかなといろいろ考えていたんですが、ふと、年明けに固定資産税のために撮っている航空写真を図書館がもらい受けていることを思い出したんです。それを見て、バス専用レーンがある年とない年を探せばいいのではないか、と」

「なるほど！　その発想はなかったです」

翔子は目を丸くし、そう返答する。もちろん翔子の中でも「航空写真」という発想はあったが、数年おきに街の変遷を撮影している写真しか浮かばず（それだと、道路の細かな変化までわかるかな？と）ちょうど疑問を抱いていた。

「それで、見事にバス専用レーンがある年とない年の写真を見つけることができ、その二年分の複写をとって、利用者の方にお見せしました。あの時は、すごく感謝されましたね」

当時を思い出し、笑みがこぼれる齊藤さんにつられて二人の口角も自然と上がる。併せて、まさに「発想はやわらかく、調査はしつこく」の姿勢を学ぶことができ、翔子は大きな達成感を覚えた。

すると千夏が隣で、ひとつの疑問を投げかける。

「でも、私は齊藤さんのような発想に至るほど、幅広い知識もないのですが……」

曇った表情の千夏を見て、齊藤さんはすぐにアドバイスを加える。

「ふふ、不安を持たれる方もたしかにいらっしゃるかもしれませんね。そういうときは『人の知識をあてにする』を実践してください」

翔子は（齊藤さんのメールにも書かれていた言葉だ）と気づき、目を輝かせる。

「諦めず、いろんな角度から調べることも大切ですが、同時に一人で抱え込まない姿勢も意識してみるといいかもしれません。定例会などの時に、なんとなく話しておくと『あの人が見つけられなかったものを、私が……』と闘志を燃やして調べてくれる職員もいるんですよ」

「競うわけではないですが、そういうモチベーションで高め合うこともあるんですね。なんだか面白いです！」

翔子は、キラキラとした瞳で納得の表情を浮かべる。

「私は、チームレファレンスのメリットを存分に生かすべきだと思うんです。図書館のみんなで調べて、一番いい答えを利用者にお戻しする。それが利用者にとっても親切だと思うんですよね」

「なるほど……！ちなみに齊藤さんは、自分が調べてもわからなかったことを話す際、ある程度人を選んだりするんでしょうか？そのジャンル、もしくは調べ物が得意な方に聞くものなのか、その意識を知りたいです」

まっすぐ見つめる翔子に、齊藤さんは「いえ、人は選ばず、皆さんに話しますね」と答える。ひと呼吸おくと、さらに説明を続ける。

「先ほども話したような定例会や朝のミーティングなど、多くの人がいるタイミングで話を振るんですよ、『誰かこういう本知らない？』と。するとみんなが調べたり、新たな考え方を共有してくれたりするので、よく助けられていましたね。『この人に聞こう』と決めつけないことで、新たな発想が生まれることもありましたから、勝手に判断せず広く職員さんに投げかけてみてください」

「なるほど……多くの人の知識を『あてにする』ということですね。ありがとうございます！」

「ただ、児童書関係の場合は、独自の知識が必要なので児童書担当の人に聞いたほうがいいでしょう」

翔子がコクコクとうなずいていると、千夏がすかさず新たな質問を投げかける。

「あの、すみません。先ほどのチームレファレンスという言葉は本当に、とてもいいなと思いました。ただその場合、その場での返答を見送るということですよね。レファレンスはスピードも求められているように思いますが、そこはどう考えればいいのでしょう？」

千夏の質問を聞きながら、翔子は先日のレファレンスで、まさに当日の回答ができなかったことを思い出していた。（ああいう事態って、やっぱり減らしたほうがいいんだよね？）と自分なりに考えて

レファレンスで困ったら…
人の知識をあてにする

- **自分の発想に限界が来たら、他人を頼っていい**
- **多くの人に投げかけ、考え方や発想を助けてもらう**

⇒チームレファレンスのメリットを最大限に生かす
　みんなで調べることで、一番いい答えを利用者に提供することができる

いると、齊藤さんが新たな考え方を提示する。

「スピードもたしかに求められる場合がありますが、正直、個人の発想には限界があると思うんですよ」

二人は、齊藤さんの次の言葉を待っている。

「レファレンスとは、発想です。よく私が例に挙げる内容なんですが『ヘラブナが温水魚かどうかを知りたい』という質問があったら、何類を見るでしょうか？『魚』という視点で分類を発想してみてください」

翔子は「はい」と力強く相槌を打ち、考える……。

「よくあるのが、自然科学という視点から見たら魚類にあたるので、四類のところでチェックをすること。水産業という視点なら六類、では魚釣りや魚料理という側面なら……？」

齊藤さんの問いかけに、翔子は「魚釣りが……な、七類で、料理は五類です！」と反応する。

「そうですね。このように発想を広げていく作業は、大変重要です。この発想の訓練、つまりひとつの主題にいくつの分類を発想できるか……の訓練は、普段からしておく必要があると思います」

「なるほど！さまざまな角度から物事を考えるということですね」

「はい。ただ、発想する力は持続しません。個人差はあるもののどこかで限界が来ると思います。私の場合は、それが十五分から二十分ぐらいですね。そこまで粘ってみても解決の糸口が見出せない場合は『一旦預かってもいいでしょうか？』とお尋ねしてしまいます」

翔子は、自分がレファレンスをうまくできなかったとき、ただ焦って何も考えられずに時間が過ぎていったことを思い出した。(たしかに、ああいうときにどれだけ粘っても、あんまり進展しないよね。そこで人に頼ってもいいし、「翌日にまわす」判断をすることも大切なんだ）と自分なりに理解をした。

齊藤さんはさらに続ける。

「やはり、時間をかければいいというわけではないですから。粘りつつ、発想の限界を迎えたら切り替える。この姿勢が大切だと思います。それでその日、別の作業をしているときにふと『さっきのってあそこの棚を見ればいいんだ』と思いつくこともあるんですよ」

「たしかに、心に余裕があるときってふといいアイディアが浮かんだりしますよね」

「そうなんですよ。そこに他人の知識も加われば、自分一人では進まなかったものがグンと前進するんです。お二人も、探し物をしていたときに、周囲の人に『目の前にあるよ』などと指摘されたことってないですか？」

翔子は、スマートフォンを手に持った状態でスマートフォンを探していて、母に笑われたことを思い出した。

「はい！こんな近くにあったのになぜ気がつかなかったんだろう、と指摘されて初めて思うことが何度かありました」

「そうそう。そういうことがレファレンスでもよくあるんですよ。他の職員と一緒に棚を見ていて、私が探せなかったものをどんどん見つけていく方もいますから、やはり他人の力って偉大ですよね」

翔子は、レファレンスを自分でやり切るべきだと意気込んでいた。しかし（もっと他人の力をいい意味で利用させてもらっていいんだ）という気づきを得た。

そこでさらに「素朴な疑問なのですが、先ほど話していた『預かってもいいでしょうか？』と確認するとき、利用者さんにはがっかりされることはないのでしょうか？ 提案するときのコミュニケーションで気をつけることがあればぜひ知りたいです！」と翔子が質問する。

「そうですね。利用者と一緒に調べるような姿勢でいることです。おそらく利用者とコミュニケーションをとりながら進めると『ここまで調べてわからなければ、たしかにもっと時間が必要ですよね』と思っていただけると思います。例えば、江戸時代の画家のことを調べるとしたら、ＯＰＡＣでその画家の名前や『江戸時代　画家』などで検索し、一緒に検索結果を見ながらそれらしいものがないか確認する。他にもレファレンスブックで画家の名前を開いてみたり、二類（歴史）、七類（芸術）の棚を見に行ったり……」

「なるほど。一緒に調べる工程を踏むと、預かることにも納得していただけそうですね。では、急いでいるときはどうされますか？『今日知りたい』という方もいらっしゃいますよね」

「まず『お急ぎですか？』と聞いてそうだと言われたら、専門の図書館をご紹介する提案をすると思います。もしくは『専門図書館のほうがいい答えがあるかもしれないので、聞いてみましょうか？』と、こちらで動く提案をすることもありますね」

「他の図書館ですか！ たしかに自館で調べることにこだわる必要もないですよね」

翔子は、少し広い視野を持てるようになった。

「そうですね。情報源を次につなげることのほうが大事なので、専門図書館でも県立図書館などでも、つないでいいと思います」

二人は、レファレンスの基本姿勢として、その人にとって最適な情報を見つけ出すことに注力することを改めて学んだ。

「また、そういったときも含め、大切な姿勢は『Warm heart, cool eye!』（心はあくまで温かく、頭は常に冷静に）です。先ほど話したように、どんな調べ方でどんな棚を見るのかまで一緒に行動して見せることで、利用者にも調べ方を知ってもらえますよね。未来のことも見据えて、親切な行動を意識してみてください。そして、不安な様子は見せない。かといって、知らないことを知っているかのように振る舞って見栄を張らない。小さなことですが、そういう姿勢が信頼にもつながると思います」

翔子は先日のレファレンスのことをまた思い出していた。（あの時は情報を探し出すことに焦りすぎて『レファレンスを見せる』を全然意識できていなかったなぁ。むしろ、自分がバタバタ動いている様子だけを見せちゃってたよね。利用者さんを置いてけぼりにしないこと、不安を与えず堂々と調べることを心に刻まなきゃ！）と、反省しながらも今後のレファレンスに向けてやる気をアップさせている。

「齊藤さん、ありがとうございます。先日のレファレンスには私なりの反省点がいくつもありましたが、多くの学びも得ました。自分で粘りながらも他人の発想を借りる。場合によっては他の機関とも連携し、姿勢は親切に、そして常に堂々とですね」

齊藤さんは翔子のポジティブな反応ににっこりとする。

翔子、児童書の活用とブラウジングについて理解する

「そういえば齊藤さんは、これまでにレファレンスに時間がかかったり悩んだりしたことはあるのでしょうか？」

「もちろんです。過去に、とある利用者から『炭焼きの行程を写真で追っている本がないか』と質問をいただいたことがあるんですが、どの資料をみても断片的な写真ばかりなんですね……」

翔子と千夏は、齊藤さんの話の行く末をワクワクした気持ちで見守っている。

「それで結局、児童書の中でいいものが見つかったんですよ！」

「え、児童書ですか？」

「はい。炭焼きの手順や変化の流れが写真で細かく載っているんですね。利用者に児童書の棚まで案内したら、最初は『なんでこんなところに？』という顔をされていたんですが、本を見せたらすごく満足いただけて。そこで改めて、児童書は子どもだけの本ではないなと、大人が見てもさまざまな情報が手に入る素晴らしい本だと実感しました」

翔子は、動画配信サービスが世に出始めた頃、著作権について学ぼうと児童書を読んだことがあった。

「たしかに、難しいことを学習するときに、私も児童書を使ったことがあります！」

「児童書は大人の学習にも十分役立ちますよね。写真やイラストでわかりやすく説明されているので、レファレンスでも一般書という枠組みを超えて、柔軟な発想で物事を見てみるといいと思いますよ」

二人は、レファレンス対応をする際、幅広いジャンルから発想することを学んだ。そして翔子は（この前「英語で書かれた情報がないか」と聞かれたことも、英語があるかどうかだけじゃなくて、写真やイラストがたくさん載った児童書で解決する手段もあったのかも）と考えていた。

いろいろなことが見えてきて、今後の業務にワクワクしている翔子につられて、千夏は笑みを浮かべる。

「さらに、ブラウジング検索についても触れさせてください。レファレンスのときに、あたりをつけた棚をざっくり眺める作業を、自然と行っているとは思います。でもこれって本当に大切なんですね」

齊藤さんの語尾にも力が入る。翔子はメモに「ブラウジング検索の重要性」とメモをする。

「利用者の中には、明確な疑問や目的を持っている方と、質問しながら思考を整理している方など、いろいろな方がいらっしゃいますよね」

「そうですね」

「明確な疑問や目的がある方や、その調べたいことに明確な固有名詞などがある場合は、それをもとにＯＰＡＣやインターネット検索で即座に解決へと導くことができるかもしれませんが、そうでない場合に特にブラウジング検索が生きてくるんです」

「質問の内容や、調べるものによってそういう使い分けと言いますか、考え方ができるんですね」

齊藤さんの言葉を噛み砕きながら、そう翔子は相槌を打つ。

「そうなんですよ。この感覚は、日々のレファレンスで磨かれる側面もありますが、事前に頭に入れておくと『一旦棚を見てみよう』と動くきっかけが生まれるかもしれない。そういう意味で少しだけ話しますね」

齊藤さんはひと呼吸おくと、説明を続ける。

「例えば車についてOPACで調べる場合、『車』『乗り物』『交通』『物流』『工業』さらには表記として『くるま』『Car』などさまざまな可能性を想定して調べないといけませんよね」

「そうですね」

「さらに『車』と検索しても『車海老』『車椅子』『飛車』など、関係のないものも出てくる可能性があります。そういったときは、五類（技術・工学）の機械工学の棚や、六類（産業）の運輸・交通のあたりをざっと見たほうがヒントが見つかりやすい可能性があるんです。お二人も自然にしてきたことだと思いますが、念のためご紹介しました」

翔子は「レファレンスとは、発想」という齊藤さんの言葉を思い出した。

「ブラウジングはたしかにしていますが、そういう意識を持ってしていたわけではないので、考え方が少し変わりました、ありがとうございます！……そしてブラウジング検索によって、レファレンスにおける発想が広がることもある、と理解できました。うわぁ、改めて、さまざまなメリットがあるんですね！」

すっきりとした表情でそう話す翔子に、齊藤さんは「うんうん」と満足そうな表情で小さく相槌を打っている。

翔子、レファレンス記録の心得を知る

そして齊藤さんは、二人に補足する。

「遠藤さんが対応された工場に関するレファレンスで、先ほど、最終的には同僚の職員さんが似たようなレファレンスをしていたため、資料が見つかった……と話されていましたよね」

「そうなんです。ただ、あの時館長に相談していなかったら、私は私で工場にご連絡していたのかもしれませんね」

当時のことを改めて興奮気味に話しながらも、少し冷静に捉える翔子に感心する齊藤さんは、再びゆっくりと口を開く。

「そういう問題点も感じられたのですね。では、その改善のひとつとして『レファレンス記録』をご提案したいと思います。お二人の図書館では計数機でカウントしているのみだとのことですが『記録をとる』という環境も整備できていれば、遠藤さんのレファレンスもスムーズに対応できたかもしれませんね」

翔子と千夏は、以前のレクチャーで「レファレンス記録は、サービス向上に役立つ」との説明を受けたことを思い出す。(たしかに、あの時同僚の田中さんの記録があったら、それを参照して、後日に持ち越すことなくもう少しいろいろな資料をお渡しできたかも！）と翔子は、レファレンス記録をとる意義を見出している。

それと同時に「そういえば……」とつぶやくと、画面越しに齊藤さんに一枚のメモを見せる。

住宅地と工場に関するレファレンスのメモ

駅周辺の開発エリアへの引っ越しを考えている。地盤について知りたい

古地図はあまりいい情報がなく、1980年代の住宅地図を案内した

周辺の工場について知りたい。音や臭いなど？

OPACやインターネット検索をしたところ、Aというサイトでは見つからず、B、Cという本も詳しく書かれていなかった

⇒ Aの公式サイトには、工場の所在地が書かれていただけ

⇒ BとCは、その工場を運営する企業の社長が書いた本。仕組み化のことや「やる気を出す方法」などが書かれている。工場を建てた日が巻末の年表に載っていた程度

⇒さらに「〇〇」「▲▲」などの言葉でインターネット検索するも見つからず
〇〇業界の情報誌を過去3年分ほど閲覧するも、工場の実績などしか出てこない

➡ 館長から、以前同様のレファレンスを受けたことがある、と聞く
取り寄せたという工場のパンフレットと社史を受け取り、利用者に案内した

「齊藤さん、レファレンス記録と言えるほどのものかはわからないんですが、その時のメモがありまして……あ、画面越しだとわかりづらいですね。今、メモの画像を画面共有しますので少々お待ちください」

翔子が画像の共有について準備している二分間ほど、千夏は齊藤さんの近況を伺っていた。どうやら、最近は大学での講義以外に、他県の図書館運営に関するアドバイスなどのお話もされているようだ。

千夏が「そんなことまでされていらっしゃるんですね。お忙しい中いつもありがとうございます」と深々と頭を下げた時、翔子は「あ、画像共有できました。こちらです」と軽快に切り替える。

翔子は以前のレクチャーで、レファレンス記録にはレファレンス向上の意味がある、と理解したため、個人的にも関心を寄せていた。そして今後齊藤さんにレファレンス記録をとるうえでの心得を伺うために、メモをしたためていたのだった。

翔子は自分なりに思考の流れなども記し、細かく記載していたため（不明確な情報もないし、けっこう完璧な内容なんじゃないかな）と、自信たっぷりだった。

「いろいろ細かくわかるように書いたんですが、どうでしょう?」

　翔子がそう齊藤さんに促すと、黙々と画面を見ていた齊藤さんが、助言をする。

「こんなこともされていたとはさすがです。当時の情報をここまで整理されて、大変だったのではないでしょうか? メモをまとめるのにどのくらいかかりましたか?」

「一時間ぐらいはかかったように思います。資料を見返したり、当時の行動を整理して書き直したりしたので」

「遠藤さんのレファレンス記録からも伝わってくるのが、自分が何をしてどの資料を見たのか、これから見る人に理解してもらおうという姿勢ですね。読みやすさを考えて精査したために、時間をかけて作成されたのだろうと思います。この『これからレファレンス記録を見る人にとってわかりやすいように』という姿勢は大正解だと思います。素晴らしいです」

「いえいえ、手探りですが……ありがとうございます!」

「ただ、レファレンス記録の書き方に正解はないのですが、せっかくなので私が大事にしているポイントもお伝えしておきますね」

　翔子と千夏は、新たな考え方を学べることにワクワクしている。二人は前傾姿勢になって画面を食い入るように見ている。

「今後記録を書くときにもぜひ生かしていただきたいのですが、まずは出典を正確に記録すること。その時の回答や、本やインターネットに書かれていた内容は簡潔に記しましょう。そして、書誌情報ごとに一行空けて見やすく。インターネットの情報はURLの他に確認日付を書いておく。さらにサイトに書かれているところを印刷しておくといいですよ。その情報が閲覧できなくなる可能性もありますからね」

二人は、以前齊藤さんが話していた、インターネットの三つの問題（信頼性、再現性、情報の鮮度）を思い出していた。

「なるほど。サイトが見られなくなるかもしれないというのは、たしか、インターネットにおける再現性の問題、と以前も話されていましたね」

「そうです。しっかりと復習されているのですね」

翔子は、齊藤さんの教えを自分なりに反復していたことで、しっかりとインターネット情報の性質について理解できていることを自覚した。

「齊藤さんのアドバイスを伺って思ったのが、そうすると私のレファレンス記録はよけいな情報が多かったかもしれないですね。『Aというサイトでは見つからず、B、Cという本も詳しく書かれていなかった』といった、このレファレンスの対応に生かせなかった本の情報までは不要なのだなと思いました」

「たしかに、記録としてそういった情報が入っていると、これから記録を見てレファレンスに生かそうと思っている方が混乱するかもしれませんからね。しかし、AというサイトやB、Cという本に必要とする情報が載っていないということも大切な調査結果になります。限られた時間で対応するためには、解決のために使った情報をシンプルに載せることが大切ではないかと思います」

翔子は深くうなずき、齊藤さんの言葉をしっかり受け止める。改めて自分のレファレンス記録を眺めると、翔子は千夏に「私の記録は箇条書きじゃなくて文章だから、全部を読まないと理解できないよね？　今、いろいろ伺って気づいたんだけど」と尋ねる。

千夏は控えめに首を縦に振ると「たしかに、でも私も不安になってどんどん情報を書いてしまうタイプなのでよくわかります」と共感する。その様子を見ていた齊藤さんも、フォローの言葉を入れる。

「いろいろ気づかれたようですね。でも、一旦書いてみることで見えてきたこともあると思います。それに実際教えている学生にも書いてもらうと、いろんなバリエーションが見えてきて面白いんですよ。おそらく遠藤さんのような書き方は、ややレポートのように書くタイプの人。他には、出典を書かずに『ＯＰＡＣで調べたら該当する本が二冊出てきた。中に記載あり』などで終わる人、該当部分の情報を大量に転記する人もいます。でも、私の教えた書き方を何度かやってもらうと、自然に情報を整理して端的に書けるようになるんですよ」

翔子は（皆さんそういうところからスタートしているんだ。齊藤さんが話されている学生さんみたいに、私も書き方を改善して成長できるかな）と、今後の自分の変化を楽しみに思っている。

すると千夏が「あ、そういえばこのレファレンス記録で伺いたいことが一点あります」とコメントする。

齊藤さんがすぐさま「はい。何でしょう？」と答えると、千夏が事情を説明する。

「前回直接お会いした時は、レファレンス記録の意味など基本的なところをご説明いただきましたよね。私たちも、自館で記録をとるという仕組みをつくりたいと思い、定例会でも報告しまして……」

「そうだったんですね」

「そうしたら、他の人から『レファレンス記録をとる質問と、とらなくていい質問はあるのか？　あるとしたらどんな基準で分けているのか』といった質問が出たんです。それを聞いてたしかに何から何まで記録をとるわけではないのだろうな、と思い……ぜひその判断基準があれば教えていただけますでしょうか？」

千夏の質問を静かに聞いていた齊藤さんが口を開く。

「実は、判断基準は設けていません。というよりも、すべて書く、と決めています。すべて書く代わりに、記録に大幅な時間を割かないよう、先ほど話したような出典や提供した情報の記載ページ、URL、記述内容を端的に示すようにしているんですよ」

二人は「すべて書く」という言葉をまだ飲み込みきれず、はっきりしない顔をしている。翔子がすかさず「すべてとは、すべてですか？　トイレの位置や、新聞の棚の位置など……ちょっとしたことを聞かれることもあると思うのですが」と確認する。

「はい。何らかの情報を提供したのなら、それを必ず書くようにしています。もし後で見返して不要だったら、それは図書館として精査すればいいだけの話ですからね」

「なるほど！　でも、なぜすべてを書くようにしているのでしょうか？」

「私も職員にそう聞かれたことがあるんですが、一度でも『それくらいの情報だったら、記録をつけなくていいよ』と言われたら、おそらくどんどん『書かない』ことへの解釈が広がっていくと思うんですよ」

翔子は（解釈が広がる、ってどういうことだろう？）と、首を斜めに傾ける。

「新聞の棚の位置を案内した程度なら、記録をつけなくていい、という判断をしたとします。そうすると今度は『児童書のコーナーの場所を案内したけど、これも記録をつけなくていいですよね』と解釈が広がり、書かないほうへと思考が進んでしまう。たしかに、記録をつけないほうが楽でいいな、と思うんでしょうけどね」

「そういう意味だったのですね！　そうやって、閲覧室や学習室の使い方や図書カードの申請など、あらゆる案内が記録に残らなくなっていくと……それこそ以前話されていたような、図書館にはどんな利用者が来て、どんな需要があるのかが何の記録にも残らなくなってしまいますね」

翔子は、以前齊藤さんが話していた『図書館の評価』には、計数機だけでは計れない情報も必要であること、それがレファレンス記録から把握できると話していたことを思い出していた。

齊藤さんは改めて、翔子の学習意欲に感心している。

「そうなんですよ。以前話したことをしっかり理解してくださって嬉しい限りです。だから『書くのは面倒だから』という思考によってレファレンス記録を書かない流れになっていくと、結局『計数機でカウントできればいいよね』となってしまうかもしれない」

「逆戻りというか、せっかく書いていたのにそうなるケースもあるんですね」

「だからこそ、すべての記録を残すようにする意味があると思います。これは、習慣にさえなってしまえば面倒じゃなくなってくると思うんですよ。……とはいえ、もちろん図書館によって線引きを設けてもしっかりレファレンス記録が機能しているところもあるとは思います。これはあくまで私がおすすめする考え方で、強制ではございませんのでね」

二人は、「レファレンス記録をとるかどうかの判断基準」という考え方をやめて、いかにこれを習慣化するかを視野に入れるようになった。

翔子は（この習慣化についても後で齊藤さんに確認しようかな）と考えていると、齊藤さんがレファレンス記録と図書館の評価について、補足をし始める。

「以前レファレンス記録は大事で、その記録を館長などが理解していることが、今後の図書館運営の予算などに関係してくると話しました。つまり、館長が説明することはあっても、レファレンス記録を直接自治体や議会に見せることはほとんどありません。図書館そのものの評価には、レファレンスの件数などを出すことが主流ですね」

「そうなんですね。ではこの記録自体は事例として、普段のレファレンスにひたすら役立てられるということですよね？他に、評価の面で役立つことがあるのかなと少し気になりました」

翔子は、齊藤さんの目をまっすぐ見つめてそう話す。

「そうですね。レファレンス記録は、職員それぞれの評価に活用するケースもあると思います。私は以前、興味本位で一カ月分の職員のレファレンス記録を、対応者別に分けて整理したことがあるんですよ」

その意図を知りたい気持ちが先行して、翔子は齊藤さんの発言に被るほどの速度で「対応者別に、ですか？」と問いかける。

「はい。そうすると、利用者の皆さんは話しかける職員を選んでいることがわかったんです。レファレンス記録はすべて書いているので、記録の多さは、対応の多さですよね」

「そうですね」

「するとベテラン職員の記録は多く、新人職員は少ないんですよ。誤差とは言えないレベルで、記録の量に差が出ているんです」

翔子は、リアルな結果に感嘆の声を漏らす。

「私は図書館にも、マイドクター、つまり主治医のような存在がいてもいいと思うんですよ。マイライブラリアンがいる図書館があれば利用しやすいですし、利用者に選んでもらえたら、それこそ専門職として活躍している証だと思います。他者との差別化ができているという点で、専門的職員である司書の評価にもつながりますよね」

翔子は、民間企業で働く友人が「上期が終わって、評価期間に入った」などと話していたことを思い出した。自分の世界にはあまり関係ないような話題に思えたが、レファレンスサービスを向上させ、職員一人ひとりが向上心を持って業務にあたるには、個人への正当な評価も大切なのだと気づいた。

(そういう評価の必要性を訴えることも必要かもしれないけど、その評価がしやすい環境をつくることも大切なんだろうな。そこに、レファレンス記録が役立つんだ。……利用者や図書館運営そのものにも、幅広く活用できるすごい存在なんだなぁ)と、レファレンス記録の存在を、再度見つめ直している。

翔子、利用者とのコミュニケーションをさらに理解する

齊藤さんからさまざまなアドバイスを聞くことができ、翔子も千夏も満足そうな表情を浮かべている。

レクチャーがひと区切りついた流れで、ふと、翔子の母が図書館に行った時の話になった。齊藤さんも「お母様も行動力がある、好奇心旺盛な方なんですね」と弾んだ声で反応する。

「それで、母も書庫や他の図書館の本が気になったらしいのですが、また話しかけてお願いするのが億劫になり、その場で借りられるものだけを借りて帰ってきたらしいんですよ」

「そうだったんですね」

「そういうときって、齊藤さんならどうされますか？『書庫も見ますか？』『他に気になるものがありますか？』などの提案をさらにしているのか、コミュニケーションにおける姿勢を知りたいです！」

「私はですね、そういった提案の仕方はしていませんが……」

二人は、齊藤さんがどんなコミュニケーションをとるのか気になり、無言で次の言葉を待つ。

「私であれば『ちょっと私、書庫を見てくるのでお時間ありますか？』などと提案するかもしれません。『書庫を見たいですか？』といった聞き方をするとやはり、申し訳ないなと恐縮されてしまいますよね」

翔子の隣で千夏は、ブンブンと首を縦に振って共感している。

「だから、もう書庫に自分が行くことは大前提で、その了承を得るようなイメージですね」

「なるほど、そうすると利用者さんからお願いした、という申し訳ない感覚が少し軽減されるかもしれないです！『いいんですか？』と利用者さんも言いやすいですね」

「はい。そういう意識で言葉を選ぶことは大切かなと思います。それで利用者からOKをいただいたら『ではちょっとお待ちくださいね、すぐ見てきます』と、ササっと向かいますね」

齊藤さんが話している時の笑顔が、利用者に向ける表情そのままに思えた二人は、少しの間齊藤さんに釘付けになってしまった。そして翔子は（レファレンスの根底には、やっぱり心地よいコミュニケーションが必要なんだな。齊藤さんの、利用者さんへの接し方ってどれも本当に勉強になる……）と感激している。「あとその時母は、調べ方を新たに知ることができたのも大きな収穫だったようです。OPACの使い方もわかって『次からは自分でサクサク調べられる』と嬉しそうに話していました。さらに、もともと知りたかったことと関連する本を紹介してもらったり、自分で棚を順に眺めているうちに、他に興味を持っていた本を見つけたりしたようで。先日実家に帰った時に『これが借りてきた本なんだよ』と見せてくれて、少しはしゃいでいる姿がなんだか面白かったです」

目尻を下げてそう話す翔子に、齊藤さんはすぐに反応する。

「素晴らしいですね！それこそ図書館の醍醐味ですよね。職員とのコミュニケーションを経て、自力で調べる力を身につけていく。そして図書館に行くことで本との新たな出会いが生まれ、貸出につながる。まさに私がお二人に話したようなことを、お母様は体現されているのですね」

齊藤さんの言葉に、翔子の表情はさらに明るくなった。

「それに、興味がある本に出会えた喜びって、何にも代えがたいですよね。だからお母様は、とてもはしゃいでいたというか、遠藤さんにも思わず伝えたほど嬉しかったのだと思いますよ」

何気なく話したエピソードから、翔子はさらに図書館の魅力を知ることができた。そして（私も、お母さんが体験したみたいに、図書館に行ってよかったなと思える利用者さんを増やしたいな。そのためにも、調べ方のレクチャーは必須だよね）と心から思った。

翔子、電話やメールでのレファレンスの心得を学ぶ

翔子と千夏は、一瞬アイコンタクトをとり「あと十分ほどで、齊藤さんと約束していた時間が終わる」ということを認識し合う。そこで急ぐように翔子がたたみかける。

「あとすみません、二、三個だけ確認したいことがあるんですが」

齊藤さんは「はいもちろん。お答えしますよ」と心強く返事をする。

「あの、レファレンスには電話やメールもあると思いますが、その対応でも気をつけることがあるのかなと疑問に思いまして。齊藤さんなりのポイントがあれば教えていただきたいです！」

「たしかに、直接来館される方以外にもさまざまな方法でレファレンスに対応する必要がありますよね。ただ特別なポイントはなく、電話の連絡先を必ず確認すること。お二人ももちろんこれは基礎の基礎だとご認識ですよね」

二人は深くうなずく。

「そして電話でももちろん、出典ですね、お伝えする情報とその情報の出典までを必ず伝えること。レファレンスの基本に忠実に対応していただければ問題ないかと思います」

「ありがとうございます。となると、メールでも対応に大きな違いはないのでしょうか?」

翔子はペンを走らせながらそう質問する。

「そうですね。出典が明らかな情報源をお伝えすることに変わりはないです。またメールであればＵＲＬなどで情報源をお伝えしやすいので、利用者にとっても情報にたどり着きやすいでしょう。……ただ、本のコピーデータは添付しないよう気をつけてください」

「それは、著作権の問題でしょうか」

「はい、著作権法二十三条の規定に則っています。利用者によっては『内容を見たいのでコピーをください』とおっしゃる方もいるので、説明してご理解いただく必要がありますよね」

・著作権法

第二十三条　著作者は、その著作物について、公衆送信（自動公衆送信の場合にあっては、送信可能化を含む。）を

行う権利を専有する。

二　著作者は、公衆送信されるその著作物を受信装置を用いて公に伝達する権利を専有する。

翔子と千夏は、連絡手段が変わってもレファレンスへの姿勢は変わらないこと、そして情報の取り扱いを正しく行うための考え方を理解した。

ひと呼吸おくと翔子は、レファレンス記録を習慣化するためにどうすればいいか、疑問を持っていたことを思い出す。

「あとすみません、レファレンス記録は情報に差をつけずすべてをとる、という話をされていたと思うんですが、そこで『習慣化できれば面倒でなくなる』とも話されていましたよね。私たちの図書館ではこれからレファレンス記録をとるよう、動く必要があると考えています。ただ、これまでやっていなかったところから習慣化まで持っていくには、適切な仕組みが必要なのかな、と。取り組みを促す方法やアイディアがあれば知りたいのですが」

齊藤さんは「うんうん」とつぶやきながら、翔子の言葉を咀嚼すると、いくつかの姿勢を提示する。

「たしかに、組織全体として取り組むのは大変ですよね。理解を得ることも、その作業を新たに業務に組み込んでもらうことも、心理的ハードルが高い……」

現場の気持ちを代弁するように話す齊藤さんに、二人も共感する。

「正直、これは地道に理解していただくようにするしかないと思います。その中でレファレンス記録が活用できること……例えば、レファレンスの効率が上がること、利用者の声を収集できる手段であること、資料・情報に精通していくための大切な情報源であることを理解してもらう、ということですね」

千夏が不安そうに「なんだか、とても伝えるべきことが多そうですね。でも、そうですよね、いろいろ理解してもらわないことには……」と自分に言い聞かせるようにつぶやく。

「まぁ、すべてをいきなり進めることは難しいですから、少しずつで大丈夫ですよ。レファレンス記録の書き方を皆さんにご説明しながら、記録を残す。そして、その記録を見たり報告したりする時間を、定例会や朝のミーティングの時間につくる。少しずつ、図書館全体の職員さんが、需要を理解できるようになりますよね」

「なるほど……。それだけでも、職員の、図書館・利用者への理解が進むということですね」

「はい。それに、館長クラスの方もそこまで細かな需要を理解する機会は少ないでしょう。レファレンス記録をもとに、図書館運営の改善につなげてもらうきっかけにもなると思います。これは、記録をとり始めて数日、数週間でわかってもらえることではないので、根気強く続ける必要もありますが」

翔子は「そうですよね。でも、ここはもう覚悟を決めて進めるしかないですね」と何かを決意したように尋ねる。

「そういう意識も必要ですが、レファレンス記録を見ることで『こんな質問も、利用者は求めているんだ』と理解できる。こちらにとっては些細なことも、利用者はちゃんと知りたいし、求めているんだと明確に知ることができるんです。そうすると職員としても『些細なことも気軽に聞ける環境であるべきだ』という意識になったり、『利用者にとって不親切だったことをわかりやすく案内しよう』とポスターを作ったり案内の姿勢を変えたりする可能性がありますすよね」

「現状を知ることで、その先の改善につなげることができる……。現状を知るうえで、このレファレンス記録は本当に大切なんですね」

しみじみとする千夏に、翔子も隣で共感する。

「そうですね。記録をきっかけに図書館の機能を理解してもらうことで、徐々にレファレンス記録をとることを、ポジティブに、もしくは当たり前に捉えてもらえるようになると思います。あとは、快感レファレンスの事例を多く集め、みんなに話すこともいい影響を与えるでしょう。もちろん、利用者のプライバシーには注意して」

「〝快感レファレンス〟、ですか？」

翔子と千夏は顔を見合わせて、不思議そうな顔をしている。

「達成感を得たり、とても嬉しかったりしたレファレンスについて皆さんに伝える、という意味です」

「それには、どんな意味があるのでしょうか？」

「朝のミーティングやちょっとした雑談の時に『こういうレファレンスをしたら、利用者の方に、こんなにいろんな情報を教えてもらえるんですね、って言われちゃった』などと、喜んでもらえたことや自分の中で印象的だったことを周囲に話す。もちろん、他の人にもそういう話を聞いてみると学びにもなって面白いですよ」

翔子は齊藤さんの話を聞きながら（利用者さんとのコミュニケーションだけじゃなくて、職員ともそういうコミュニケーションをとるんだ。ポジティブな報告をし合うって、なんだかすごく楽しそう！）と瞳を輝かせる。

「それを話したり、周囲から聞いたりするとモチベーションアップにつながります。定期的にそういったことが話題に上ると、レファレンスが市民の役に立つんだ、図書館は市民の生活にいい影響を与える存在なんだ、という理解が深まりますよね」

「なるほど。それは日々の業務の中でもできそうですし、レファレンスの重要性に気づいてもらえそうです！　いい感情が伝播して『私もあの人みたいに、喜んでもらえるレファレンスができたらな』と思えそうな気がします」

翔子は納得した様子で、満面の笑みを浮かべる。

隣で真剣に話を聞いていた千夏は「あ、そろそろお時間ですね」と翔子に知らせる。

「すみません齊藤さん、お時間目一杯使わせてもらいました！　レファレンスを実践するうえでの考え方を具体的に教えていただき、今後私たちが何をやるべきか、見えてきたような気がします」

そう話すと、翔子は改めて、今後自館では、レファレンス時には利用者とコミュニケーションをとりながら、調べる過程を共有すること、そしてレファレンス記録をとるための整備を進めることを誓う。

「あらゆることを前進させるには、レファレンス記録は不可欠だとわかりました。先ほど伺ったような快感レファレンスを共有し、記録を見ることで需要がわかり、図書館運営の改善につながることを理解していただけるよう、自分たちなりに進めていこうと思います」

「ぜひ、そうしてください。今後の変化も楽しみにしていますよ」

温かな眼差しを向ける齊藤さんに、二人は深々と頭を下げる。

「では、本日はありがとうございました。引き続きよろしくお願いいたします」

双方、丁寧にお辞儀をしてオンライン打ち合わせが終了した。翔子と千夏は、多くのことを学んだ手応えをしっかりと感じ、少しの間メモの整理に集中していた。

午後の業務に戻る時の表情は、期待に満ちあふれていた。

翔子、『一緒に探す』レファレンスの姿勢を意識し始める

ポカポカと春の日差しが暖かな火曜日の午後、この日の定例会では、齊藤さんとのオンラインレクチャーの内容を共有することになっていた。翔子は発表の順番がまわってきてから、自身が書いたメモとともに、簡単な箇条書きのポイントを共有する。

●レファレンスサービスを見せる
レファレンスサービスのゴールのひとつに、利用者に自分で調べる力をつけてもらうことがある
↓レファレンスブックの存在やＯＰＡＣの使い方を見せる
↓一緒に棚を見て（ブラウジング）、本を見つける喜びを体感してもらう

「以前のレクチャーでも、齊藤さんは利用者さんに自ら調べる力をつけてもらうことが大切だと話していました。そのためには、レファレンス中の私たち職員の行動を見せ、適宜考え方を説明する必要があると気づきました。特定の魚について調べたいとしたら『四類の自然科学の棚をまずは見てみましょう。六類の水産業という見方も念のため確認しておくといいかもしれません』といったように、棚や分類についても理解してもらいながら、一緒に探すようなイメージですね」

齊藤さんの例えをもとに話す翔子に、職員たちは興味津々で耳を傾ける。

「余談ですが、以前私の母が図書館に行った時には、ＯＰＡＣでの検索方法を教えてもらったことに感激していました。タイトル検索しか知らなかったようで『フリーワード』という観点で調べられるのね！と。そういうところから、私たちも見せていく必要があるのだと思います。ただ『この本ありますか？』とピンポイントに聞かれると、ササっと本を取ってきてそれを見せるような対応も、私はよくしていました。でも、利用者さんに調べる力をつけてもらう、見つける体験をしてもらう、などを見据えると、行動も変わってくるのではないでしょうか」

周囲を見回しながら堂々と話す翔子は、「私もまだまだ意識しきれない部分があるかもしれませんが、指摘し合いながら皆さんで『一緒に探すレファレンス』を推進しましょう」と付け加える。

職員の中には「たしかにこの姿勢は、今日からでも意識できるかもしれないね」などとつぶやく人もいて、多くの人が共感しながら受け止めていた。

●レファレンスをするうえで大切な姿勢

「発想はやわらかく、調査はしつこく」

発想には限界があるので、人の知識をあてにしてもいい

↓チームレファレンスの強みを活用しよう

↓有効な手段には「ブラウジング検索」や「児童書」もある

「また齊藤さんのお話に『レファレンスは発想』という言葉が出てきたのが、私はとても印象的でした。ひとつのことを、さまざまな角度から見て情報にあたってみる。それを、チームの知を結集してこそ利用者さんに最適なレファレンスサービスが提供できるのだと思いました。ここに関しては、私たちもレファレンスそのものの知識を学んでいるところなので、ぜひ皆さんと協力しながら情報提供をしていきたいと考えています」

同意するかのようにうなずく職員の様子を見て、翔子も生き生きとしている。

隣で話を聞いていた千夏は、ふとメモに視線を落とすと口を開く。

「あと以前、レファレンス記録について、とる場合ととらない場合の基準があれば知りたい、と館長からお話をいただいていましたが、それについても齊藤さんに確認しました」

千夏に促されるように、齊藤さんが話していた「すべての記録をとる」ことと、その理由を説明すると、館長は深く納得する。

「そういう理由で『すべての記録をとる』という判断をされているんですね。とても参考になりました。たしかに一度『この記録はとらない』と決めると、そっちの考えに引っ張られてしまう可能性は大いにありますね」

「そうなんです。それにレファレンス記録は、図書館の評価にも活用できるのだと改めて説明いただきました。レファレンスサービスの向上以外にも、いい影響を与えるものなのだとわかり、ますます大切なものだと感じました」

●レファレンス記録

・図書館の評価に役立つ

↓自治体などに利用者の需要、図書館の機能を説明する材料になる

館長はにこやかな表情で報告を聞き終えると「ありがとうございます。今私たちは、計数機でしかレファレンスの実績を把握できて

齊藤さんのオンラインレクチャーのメモ

レファレンスで発想を広げるための考え方

●何類を見るか？…多面的に考える

⇒ひとつの主題にいくつの分類を発想できるかの訓練をしておく

●人の知識をあてにする

⇒考え方や発想を助けてもらう

※急ぎでなければ預からせてもらう判断も大事

【注意点】

・不安な様子は見せず、見栄も張らない

・「見せるレファレンス」で利用者と一緒に動く

レファレンス記録を書く際のポイント

・箇条書きにする

・出典を正確に記録する

・回答内容や、資料に書かれている内容は簡潔に

・書誌情報ごとに一行空けて見やすくする

・書誌情報などの書き方を統一する

・インターネットの情報はURLと確認日付を書く。該当ページを印刷して、記録に添付する

いません。遠藤さんが話すように、これまで自治体や市議会への説明で、豊富な説得材料がなく苦しんだこともありました。そこで今後記録をとれるようになれば、この図書館がいかに市民の生活に貢献しているかが明示しやすくなると強く思いました」と、真剣な眼差しで話す。

「当館でも、レファレンス記録を習慣化するための環境整備を本格的に考えていきましょう」と付け加えると、翔子と千夏は達成感に満ちたような表情でお辞儀をする。

第6章

翔子、見せるレファレンスサービスと、コミュニケーションの基本を知る

翔子、洸太と千夏とレファレンスで協力する

新学期が始まってから数週間経ち、暖かな日が増えてきた。桜の木は青々と新芽を伸ばし、通勤時にその成長を見るたびに、翔子は心が弾む。

今日は、休館日の翌日ということもあり、開館直後から利用者がどんどんやってくる。翔子は、排架、書架整理から早めにカウンターへと戻ってきた洸太を見かけ、声をかける。

「あ、洸太さん。そろそろ十時半になるから、書架整理とかもありがとうね。次はカウンターを一緒にお願いします。交代で、今から私が外に出ますね」

翔子がレファレンス担当になってから、図書館として新たな取り組みをする機会が増えた。それに伴って、新人の洸太にレクチャーすることも自然と増えたため、翔子はたびたび彼の様子を気にかけている。その中で、翔子は少しモヤモヤした気持ちを抱えていた。

この日も（洸太さんはもしかして、書架整理とかあまり好きじゃないのかな？少し経つとカウンターに戻ってきたり、奥のほうの利用者さんがあまりいないエリアにいたりするような……。このローテーションに組み込もう、って話していた時も不安がっていたけど。今もそうなのかな、いや気のせいかな？）などと考えていた。

念のため、カウンターにいた千夏に「洸太さんの件で何かあったらフォローお願いね！」と声をかけ、席を立つ。

――プルルルルー。

翔子がカウンターを出た直後に電話が鳴り響き、一番近くにいた洸太が電話に出る。

「はい、総田市立中央図書館です」

翔子の伝言に忠実に、千夏は洸太の様子を気にかけながらも作業をしている。千夏の隣では「ええと、水ですか？　あ、お孫さんの宿題……、宿題ではないですかね」などと、洸太が緊張している様子がうかがえる。会話の様子を聞く限り、そこまで難しそうな内容ではなさそうだが、単純に緊張しているようで、洸太の言葉が次第にしどろもどろになっていく。

千夏は少しして「大丈夫？　代わりますか？」というメモを見せると、洸太は「少々お待ちください」と保留にした後にすがるような目で電話をこちらに渡す。

すぐさま洸太のメモを見て、千夏が電話を代わる。質問内容はシンプルなものだった。

電話口で話す女性は、孫のために聞きたいことがあるらしい。

「孫が、水は透明なのに、どうして川や海の水は青なのかと言うんですよ。お風呂のお湯は水色っぽく見える。透明な水とは別に、青い水があるの？　と言われて、なんだかうまく説明できなくて。いい本がないかしら、と思ってお電話したんです。でも先ほどの方にはすみません、私もうまく言葉が出てこなくて混乱させちゃったかもしれないわ」

柔らかな口調でそう話す利用者に相槌を打ちながら、千夏はＯＰＡＣで「水　色」などと検索をする。児童書の中でいくつかよさそうなものがすぐにヒットしたので、そちらを案内すると、「では午後に行きます」と嬉しそうな声が返ってきた。

「承知しました。ではお待ちしております。念のため、お名前とお電話番号を伺ってもよろしいですか？」

千夏は、齊藤さんの「電話やメールでのレファレンス」の教えを思い浮かべながら、スムーズに対応する。

お昼休みのタイミングで、千夏は翔子に午前中のレファレンスのことを共有した。翔子は「私も少しでも経験を積みたいから」と昼休みが終わると、ＯＰＡＣで調べる。千夏が見つけた本と同じものを見つけ、二人で「水の性質と、光、色が関係してああいう色に見えるんだね」と興味深く情報を眺めていた。

併せて翔子は「本とインターネットのハイブリッドな活用」という齊藤さんの教えを思い出した。インターネットでも調べてみると、子ども向けの自由研究キットを販売する会社が、実際に水に色がついて見える仕組みを、写真とともに解説しているコラムをホームページに載せていることがわかった。

そこでちょうど、二人の後ろを洸太が通りかかったので、翔子は今回どのように調べたかを共有し、今見ているサイトについても説明する。

「二人でこのサイトもいいかもしれないねって話していたところだったの。さっき見つけた本とは別でこれも見せようか。印刷したら洸太さんにも渡すね」

「こういうサイトでも詳しく載っているんですね。あの時は電話そのものに緊張して、うまく話せずすみません。ありがとうございます」

深々と頭を下げる洸太に、翔子は「いや〜全然！ 私も電話は特に緊張していた時があったからわかるよ！ またよろしくお願いします」と明るく返す。

午後になり、例の利用者には見つかった本と、サイトの内容を共有した。

「これならわかりやすいですね！ まず本はこれとこれを借りていきます。サイトの内容もいいですね、でも本のほうがこの子は見やすいかな？ ありがとうございます」

孫の手を引きながら、満足そうな表情で図書館を後にする女性の姿を、千夏と洸太はしみじみと見送る。

「喜んでもらえたみたいでよかったね」

洸太は、すべては翔子と千夏のおかげだということを改めて伝えながらも、少しだけ、利用者と関わる楽しさを実感できたような気がした。

翔子、レファレンスサービスの勉強会を企画する

「次は『休暇を楽しもう』という企画展示についてですが。皆さんからいただいたアイディアをもとに、ゴルフや登山、

ガーデニングなどに関連した本を考えていまして」

「あ、ゴルフなら私詳しいですよ。楽しく学べる本、見繕ってもいいですか?」

ゴールデンウィークが近づいた四月下旬、定例会では企画展示の話で盛り上がっている。

「そういえば新学期が始まって、近くの大学でアジア圏の学生がまた増えているらしいですよ。この辺に住まれている方と関係が深い国の映画を流す上映会も面白そうですね」

「上映会、最近やっていませんよね? 久しぶりにいいかもしれませんね」

さまざまな話題を企画テーマに絡めながら、和やかに進む定例会が、やはり翔子は好きだ。

「そういえば私たちの近況で言うと、先日洸太さんもレファレンスに関わってくれて……」

翔子の発言に促されるように、千夏は洸太が電話に出て対応に努めてくれたこと、その後情報を見つけて一緒に対応したことを共有した。館長は、洸太が少しずつ利用者と接する機会を持つようになったことを知り、にこやかな表情になる。

「それはそれは大きな一歩を踏み出したんですね。そして木村さんもフォローありがとうございます。利用者さんの喜ぶ姿も見られたようで、よかったです」

すると、別の職員がひとつの疑問を投げかける。

「そういえば、事前に来館されるとのお話を伺っている場合のレファレンスでは、先日話していた『見せるレファレンス』は難しいように思えますが、どのような対応が最適なんでしょうかね? 何かご存知ですか?」

予想外の質問だったため、翔子と千夏は少し考える。千夏は先日の対応を振り返り、「あの時はたしかに、見つけた資料と、その内容を説明したぐらいだったんですが、もっといい方法があるのかもしれませんね。こちらもまた確認しておきます」と答える。

定例会を終えて事務室に戻ると、翔子は千夏に声をかけられる。

「先ほどの件、翔子さんもCCに入れるので、齊藤さんに私から質問メールをお送りしてもいいですか？」

「もちろん、私も全然考えていなかった盲点だからぜひ知りたいと思っていたの。お願いします！」

その後、一時間ほど事務作業をしていると、齊藤さんから千夏宛のメールが届いていることに気づく。メールをクリックし、中を覗くと、

―事前に資料を準備しておく場合も、利用者にはどのような経緯で調べてこの資料にたどり着いたかを簡潔に説明することが大切だと思います―

との文言が目に入る。

つまり、実際にOPACを操作したり棚に探しにいったりした工程を、言葉で説明しながら理解してもらう、ということだった。（なるほど、そうすれば利用者さんも納得感があるし、自分でもそうやって調べてみよう！って思えるかも）と、翔子は納得する。

千夏も同じタイミングでメールを見たようで、少し興奮気味で翔子の席に近づいてくる。

「見ました？ こないだみたいな対応のときも、見せるレファレンスってできるんですね」

「そうだね。しかもこれも『利用者さんが調べる力を身につける』っていう意識を持てていれば、自然とその説明もできるようになるんだろうなって思った。たしかに私も、業務の忙しさとかで少し意識が薄れていたかも」

「私も気づけてよかったです。これはまた定例会で報告しないと。メモに書いておきます」

齊藤さんのメールを読みながら興奮気味に会話をしていると、館長がちょうど通りかかる。

「なんだか楽しそうですね！ またいいことがありましたか？」

二人は、先日のようなレファレンスの場合でも、資料を探す工程を話すことで「見せるレファレンス」を体現できるのだと伝えた。

「反省することも多いですが、でもその反省のおかげで気づけることばかりで……少しずつパワーアップしている感じが今、すごく楽しいです」

ハキハキとそう話す翔子の顔を、館長も嬉しそうに眺めている。

「そう言ってくれると心強いですよ。あ、そうそう、こないだ隣の市の図書館職員さんと話す機会があって、レファレンスサービスの向上に向けて動いている話をしたら興味津々でしたよ。『うちでも何かできることがないか考えているので、ぜひ教えてほしい』と。本格的に取り組みたいようなので、近隣で協力して学べる方法があったらなとも思って……そのアイディアも、もしあったら教えてくれますか？」

「そうだったんですね！　周辺地域も一緒にレファレンスサービスを向上できたら、街全体の情報が整理されて、市民の方々の暮らしももっと快適になりそうです。それこそこれから開発エリアに引っ越してこられる方も安心ですよね」

表情がパッと明るくなった翔子は、そう返すとさらに「少し考えてみます！」と付け加え、館長に一礼する。千夏も自席に戻り、翔子は齊藤さんに改めてお礼の連絡を入れた。

その後、電話対応などをしているとすぐに齊藤さんからまた返事が来ていた。

—そういえばこないだ、総田市の教育委員会の方とお話しする機会があったんですが、レファレンスサービスに注力していくという話を伺いましたよ。市の方にもしっかり伝わっているんですね。お二人の活動が広がっていくことを楽しみにしていますが、何か悩まれていることなどはないですか？—

齊藤さんの心遣いに感激しながらも、翔子は先ほどの館長の言葉を（近隣の図書館職員がみんなで学べることって何だろう……？）と思い出していた。

席を立ち、事務作業を進める千夏に声をかける。

「さっき館長が言っていた、近隣の方も一緒に学べる方法ってさ、どう思う？　私たちが伝えられることってあんまりないから、それこそ齊藤さんに来ていただくのはどうかなって思うんだけど」

「たしかに、まず教える立場の人がいないと難しいですよね。齊藤さんお忙しいみたいですけど、お時間あれば……ぜひお願いしたいですね」

「そうだよね。セミナーに出られたり、図書館のサービス向上に関わるお仕事をされてたりと、動ける時間も限られているみたいだけど、試しにお声がけしてみるね！」

翔子は「当たって砕けろ」の精神でそう力強く話すと、千夏は嬉しそうに「さすが翔子さんです。聞くだけ聞いてみましょう」と同調する。

—近隣の市町村の図書館職員も参加できるような勉強会ができたらと思っています。ただ、レファレンスサービスについて教えられる人がおらず、ぜひ齊藤さんにお願いできないかと思っております—

齊藤さんからは、閉館準備に入る前にまたメールが来ていた。そこには、齊藤さんご自身が話すことは問題ないこと、ただ「せっかくなのでまずは、お二人のこれまでの活動や学びを共有するのはいかがですか？」との提案が書かれていた。

翔子はすぐに千夏と共有する。

「この発想はなかったね！面白そうって思っちゃったけど、そのためには私たちも改めて復習しないとだめだよね」

「ですね。というか、誰かに説明する側になるなんてちょっと緊張します。館長にも共有しておきましょうか？ちょうど、今席にいらっしゃいますし」

館長は事情を知るとすぐに「すごくいいアイディアですね」と明るく反応した。

「市内の状況に合わせたレファレンスサービスの向上を目指しているわけだから、近隣地域も共感しやすいと思いますよ。お二人の体験や、悩んだこと、その時々で抱えていた疑問も交えると、レファレンスサービスを初めて体系的に学習する人にとっては、非常にわかりやすいと思います」

「たしかに。近隣地域なら、自治体の状況や規模感も近いですし、参考にしてもらえることも多そうです！」

すっかりやる気に満ちあふれた翔子を、千夏は心強く思う。そんな二人を眺め、さらに館長が付け加える。

「それに、人に伝わるように話すための準備を経ることで、お二人も情報を整理したり、新たに調べることが出てきたりして、もっと理解が進むと思うんです。ぜひこの機会を有効なものにしてみてください」

「ありがとうございます」

「会場は、うちの図書館の研修室を二部屋分使いましょう。部屋を仕切っているじゃばらのパーテーションを取れば広くなるから大丈夫です。時期についてはそれぞれの図書館のスケジュールもあるから、私のほうでも確認しておきますね」

館長の決断力に感激しながら、二人は深々と頭を下げる。

席に戻ると翔子は、齊藤さんに返事を書いた。

―私たちが想定していないアイディアをいただきありがとうございます。上司とも相談し、せっかくの機会ですので私たちが話す時間も、少々いただければと思います。ただ、私たちの話は、齊藤さんからレクチャーいただいた内容なので、当日の進行や資料についてはぜひ今後相談させてくださいませ。

そして、私たちの報告パートとは別で、齊藤さんのお話をぜひお聞かせいただければと思います。詳細はまたご連絡させていただけますと幸いです――

レファレンスサービスについて学び始めてから、どんどん新しいことにチャレンジできている翔子と千夏。基礎を学んだ後、次は自分が伝える側としての役割を担うことに、少しの成長を感じている翔子はこの日、充足感と心地よい疲れを感じながら帰路についた。

翔子、勉強会の準備を進める

「この前の定例会での話、すごいですね。勉強会を開催されるなんて、どんどん活動が広がっていますね」

窓から差し込む眩しい光が夏の気配を感じさせる午後、とある職員さんから声をかけられる。

前回の定例会では、事前に資料を用意しておく場合の「見せるレファレンス」の方法を共有しながら、先日館長と話した勉強会の報告をしたのだった。

「いえ。でも、レファレンスサービスについて学び始めてからますます楽しいです！当日、参加されますか？ぜひ来てくださいね」

笑顔でそう返しながら、翔子は千夏と洸太が待つ会議室へと向かう。あれから齊藤さんとは、メールでの打ち合わせを重ねながら、当日の内容を話し合っている。資料は、翔子と千夏のメモや『司書トレ』をもとに作成することにして、表現の吟味や構成といった作業を洸太にお願いしている。

後で話してわかったのだが、洸太は大学生時代、インターンで営業資料やオンラインセミナーの資料作成を数多く手がけていたらしい。レファレンスや普段の業務は翔子と千夏が助けているが、勉強会の準備では、当時の経験を生かし洸太が二人を積極的にサポートしている。

会議室で勉強会の準備をしていると、ドアが開き、館長が姿を現す。

「遠藤さん木村さん、それから中井さん、ついに二週間後に迫ってきましたね」

「はい。早めに準備を始めたつもりなんですが、意外とあっという間ですね」

そう話す翔子を労うように、にこにことうなずく館長は、参加人

レファレンス勉強会 プログラム

▲月●日　午後2時〜4時

午後2時 〜2時30分	遠藤翔子・木村千夏 総田市の現状と、レファレンスサービスの基本的な姿勢
午後2時30分 〜3時30分	齊藤誠一 レファレンスサービス実践のための七つの心得
午後3時30分 〜4時	質疑応答、名刺交換

数について伝えに来たようだ。

「先週から勉強会の案内を近隣図書館の館長さんを経由してお伝えしているんだけど、もうすでに十名以上から申し込みをいただいているんですよ。このまま行くと、二十名は超えるかなと思っています」

「そんなにですか!? よかったです〜! 私たちも気合い入れて準備しないとだね」

翔子は隣の二人にそう呼びかけると「はい」と声を揃える。それから千夏は「皆さんが理解しやすい内容を目指してがんばります」と控えめな声で、しかし館長の目をまっすぐ見つめてそう答えた。

館長は嬉しそうに「うんうん」とうなずき「では、引き続きよろしくお願いします。何か困ったことがあればまた教えてくださいね」と気遣い、会議室を後にする。

翔子、勉強会でレファレンスでの基本的な姿勢を共有する

二週間後の月曜日、ついに勉強会の日となった。参加者は二十三名。受付は別の職員が担当してくれたが、その中には、初めて齊藤さんのセミナーに参加した際、翔子が名刺交換をした隣の市の図書館職員もいた。

翔子は嬉しさのあまり、勉強会の開始前に挨拶に行き、再び会えた喜びを分かち合った。(最近は本当に、人との出会いに恵まれているな) などと考えながら、勉強会の資料を見返す。会場もどんどん席が埋まり、賑わってきた。

「そろそろだね。あと二分経ったら始めようか」

千夏はコクコクとうなずく。齊藤さんのお話は、二人が話す三十分間が終わってからだ。それまで齊藤さんは、一番後ろの壁側でスタンバイしている。二人に温かい視線が送られ、翔子も千夏も（では、いきます）と合図するかのようにアイコンタクトをとると、ゆっくりマイクを口元へと運ぶ。

「皆さん本日はお集まりいただき、誠にありがとうございます。本日前半パートを担当させていただきます、総田市立中央図書館の遠藤と……」

「木村と申します」

「市内の図書館では、駅前の開発エリアの発展に伴い、レファレンスサービスを向上させる必要があると、感じ始めていました。そこで以前、齊藤さんのセミナーに参加したという、当館の長谷川館長から話を伺い、私と木村がレファレンスサービス担当のようなかたちで、当館の改善について進めることとなったのです」

翔子はそう切り出し、これまで齊藤さんに度々レクチャーをいただいていること、二人が試行錯誤しながらレファレンスサービスを学んでいることを伝える。参加者たちは、二人の飾りのない話に興味津々だ。

「ではまずは、私たちのパート、『総田市の現状と、レファレンスサービスの基本的な姿勢』から入らせていただきます」

一礼すると、千夏がさりげなくパソコン操作へと移り、モニターに資料を投影する。まず二人は自館の現状を伝え、それからセミナーで印象的だったこと、その後のレクチャーで学んだことを丁寧に伝えた。

「まず、駅前の開発エリアは今とは違った風景になる予定があります。駅前のロータリーは場所が変わり、そこには子育て世代にとって快適な広場が整備されることになっています。週末は子ども、家族向けのイベントなどが行われる想定のようです。それに伴い、移住予定者、もしくは検討中の方からの市役所への問い合わせも増えている……その流れを受けて、総田市全体としてレファレンスサービスに注力しよう、となったのです」

翔子は、館長から聞いた話と、都市計画について書かれた行政資料を噛み砕き、そのように説明する。参加者の何人かの、駅前の情景を思い浮かべながら深くうなずく様子も見える。

そして千夏が補足として「さらに、当館ではレファレンスについての記録を計数機で計っているのですが、その件数も、前年と比べて二百件ほど増えています。その需要も考えると、よりレファレンスサービスに注力する必要がある、さらに職員のレファレンスサービスへの対応力も向上させなければならないと考えました」と語る。

翔子は、壁沿いに佇む長谷川館長の笑顔をチラリと確認すると、さらに続ける。

「私自身、個人的にレファレンスには興味を持ってはいたのですが、当時、レファレンスとは『利用者が求めている資料を探してくること』だという解釈しかありませんでした。しかし、齊藤さんに出会い、お話を伺ううちに、レファレンスに関わる際は、利用者に『調べる力』を習得してもらうこと、その先にある『資料を探す楽しさ』を体験してもらうことと『図書館に通っていただく』ことを見据える姿勢が大事だと気づいたんです」

参加者の中には、レファレンスサービスの意味に初めて気づいたような反応をする人が何人もいた。翔子の言葉を聞いてとっさに顔を上げ、その後資料を食い入るように眺めている人の姿が、翔子の目にはっきりと映る。

レファレンスサービスについて私たちが学んだこと

●**利用者が「調べる力」を習得できるような対応を意識する**
(例)「見せるレファレンス」の実践
⇒その先にある「資料を探す楽しさ」「図書館に通っていただく」ことも見据えてコミュニケーションをとる

●**レファレンスサービスには資料を提供する、出典を示す役割がある**
⇒利用者が求める情報と資料をつなげるのが、レファレンスサービス
そのためには…
・OPACやレファレンスブック、ブラウジング検索などを活用する
・図書館の強み(紙の資料とデジタル情報のハイブリッド)を生かす

●**レファレンス記録は、サービス向上や効率化はもちろん未来の図書館運営を助けてくれる**
⇒記録を参照することでスムーズな案内ができる。
レファレンス記録とはつまり「利用者の需要」。求められていること、図書館の現状把握に役立つため、図書館運営の改善を考えるヒントに。図書館評価の大切な情報源にもなる

「また先ほど木村が話したように、当館では、レファレンスについて計数機でカウントするのみでした。しかし、レファレンスサービスを向上させるには、しっかり記録することが非常に大事なのだと理解しました。記録することで、自分が行った調査を反芻できる。そのことが情報源やテクニックを覚えることにつながるというのです」

会場内には、参加者のメモの音が静かに響く。

「さらに、レファレンス記録とはつまり、利用者の需要とイコールです。記録をもとに、図書館全体のサービスを向上させることもできますし、図書館評価の際の重要な情報源にもなる。さまざまな場面で活躍するんです」

千夏は、前列の数名が納得するようにコクコクとうなずく姿を確認すると、口を開く。

「レファレンスサービスの向上という部分だと、特に、地域資料に関するものは、その市でしか蓄積できない場合がありますよね。今後のレファレンスを助ける意味を改めて認識し、ぜひ私たちの図書館でも実践すべきだと感じています」

翔子は、堂々と話す千夏の姿を頼もしく思う。

そしてその後、移住を検討している利用者から質問を受け、工場に関するレファレンスで苦戦した話をもとに、発想を広げるときのヒントなども共有した。

「……と、ここまでが私たちが齊藤さんから学んだことの概要です。事前に伺っていたことによると、今日参加された皆様方の図書館も近しい状況かと思います。レファレンス記録の意味も、改めて理解していただければ幸いです。そして、少しずつ今後のレファレンスサービスが向上することを祈っております。以上です」

深々と頭を下げる二人に、割れんばかりの拍手が送られる。顔を上げてもなお拍手は続き、齊藤さんも力強く拍手をしながら壁沿いをゆっくりと歩いて、登壇のために二人のほうへと近づいてくる。

翔子はそれに気づくとすかさずマイクで「ありがとうございます！　次はこのまま齊藤さんのお時間へと移ります。より実践的なお話や、心構えなどを凝縮してお伝えいただく予定なので、どうぞよろしくお願いいたします」と仕切り、齊藤さんへとパスする。

翔子、レファレンスの心得を再確認する

齊藤さんはマイクを持つと、慣れた口調で自己紹介を始める。

「ただいまご紹介にあずかりました、齊藤誠一です。現在、千葉経済大学短期大学部の司書課程で教えています。それまでは、二十八年ほど立川市の図書館におりました。中央図書館が開館してからは調査資料係長としてレファレンスサービスを担当しており……」

流れるような言葉に、二人は改めて聞き入っている。（それにしても、こんなプロフェッショナルな方にこんなにも協力いただけているなんて、本当に恵まれているなぁ。齊藤さんのバイタリティと心遣いにも本当に感謝だよね）などと、翔子は心の中で考えながら冒頭の挨拶に耳を傾けていた。

「さて、先ほどの遠藤さんと木村さんがお話ししていたこと、私もとても興味深く聞かせていただきました。特に実際のレファレンスの事例も使いながら、反省と気づきを交えて話されていたので、現場にいらっしゃる皆さんは、共感しながら聞けたのではないかなと思います」

齊藤さんの言葉に共感するかのように、何名かが首を縦に振る。その様子を見た二人はまた、大きな達成感を覚えた。

「今日私は、お二人に話していたことをざっくりと総括しつつ、より実践的なところの姿勢も簡単に触れたいと思っています。まず、遠藤さんと木村さんにステップバイステップでご説明していた、基本的な考え方については、私が立川市にいた時代に、当時の同僚である新海紀代美さんがつくった『レファレンスの心得』をもとにしているんです。

●レファレンスの心得

（1）親身の取材で、核心に迫る
（2）ない　わからない　は口が腐っても言うな
（3）資料を知り、資料に親しむ
（4）発想はやわらかく、調査はしつこく
（5）人の知識をあてにする
（6）情報は正確に
（7）受けてはいけない質問がある

「先ほどのお二人の話と重複するところが多いので、全部を細かくは説明しませんが……」

そう前置きして、齊藤さんはレーザーポインターで心得を一つひとつなぞっていく。

「まずは『（1）親身の取材で、核心に迫る』ですね。先入観をなくして情報をフラットに見るようにしてください」

翔子と千夏は、一言も聞き漏らすまいとペンを走らせている。

「皆さんには、レファレンスをする際、勝手に『この資料はなさそうだな』と決めつけないでいただきたいです。キーワードを聞き、「分類の何番だな」と断定せず、多角的に見ること。これは『（4）発想はやわらかく、調査はしつこく』とも関連しますね。調べる物事をさまざまな角度から見て、アプローチしてください。レファレンスには、多様な発想が欠かせませんから、初回の相談時にしっかり情報を吸い上げましょう。それが、発想の広がりにつながります」

翔子が心の中で（情報を吸い上げるときには、どんなことを聞くんだろう？）と考えていると、ちょうど齊藤さんが補足を始める。

「例えば、疑問に思った内容をどこで見たのか、知ったのか。さらには自分で調べた資料やその情報源は何なのかを聞けたらベストですね。それによって、私たちはどんなレベルの答えを出せばいいのかが判断できますよね。論文に反映したいのか、子どもに伝えるために知りたいのか……これだけでも私たちのアウトプットは全然異なりますから」

参加者は、「レファレンスの心得」をしっかり受け止めたようで、深くうなずいている。

「ちょっと小話をしてもいいですか？」

齊藤さんの笑顔に、参加者は「もちろん」という意味で首を縦に振り反応する。

「以前、学生さんが『三尺のヴィーナスっていうものがあると聞いたんですが、調べても出てきません』と相談しに来たことがあるんです。私たちは神話や芸術、いろんな観点から調べましたが何も出てこない。けっこう焦りましたね」

当時を思い出して目を細める齊藤さんの話に、全員が集中している。

「それで『それって、どこで見たんですか？』と聞いたら、学校で先生が黒板に書いていた、と言うんですよ。それでピンときました。学校で『ヴィーナス』と名のつくものを教える可能性って『ミロのヴィーナス』ぐらいしか浮かばないですよね？　詳しく話を聞いてみたらやっぱりそれは『ミロのヴィーナス』のことだったんですよ。板書って、少し字を崩して書く人もいるじゃないですか。それが学生には『三尺』と見えたみたいなんです。だから、やはり最初に『どこで見たか』『自分で調べた情報などがあるのか』などをしっかり確認することは大切なんですね」

翔子と千夏は、齊藤さんの軽快なトークにすっかり引き込まれていた。そして（板書で勘違いが起きたって気づくまでに、皆さん本当に苦労されたんだろうな。最初に情報を集める……それこそヒアリングの意味でのコミュニケーションも大切ってことだよね）と自分なりに理解する。

齊藤さんの解説は続く。

「そしてレファレンスでは『ない』『わからない』は言わないこと。解決につながるような情報を粘り強く探してください。そのためにも普段から、本やインターネットに関する情報を見たり、その情報の扱い方を学んだりしておく。そして（4）の『発想はやわらかく、調査はしつこく』ですね。こちらは先ほど、レファレンスをするうえで、さまざまな角度から情報を見る必要があることを話しましたね」

翔子と千夏は、これまで学んできた日々を思い出しつつ、齊藤さんの話がおおよそ理解できている……自身の成長も実感している。

「ただ、自力で発想を広げるのには限界がありますよね。先ほどお二人が話していたレファレンスの事例で、一人で抱え込んだがゆえに利用者を待たせてしまった、という話もありました。そういうときは『(5)人の知識をあてにする』を実践してください。普段から、ご自身が受けたレファレンスや、今悩んでいることを周囲に伝えておき、みんなで協力して進められたらベストですよね。それが、チームレファレンスというんですが」

会場には、齊藤さんの声と、メモをとる音だけが響く。

「とは言っても、いい情報にたどり着かないこともあると思います。私はそういったとき、専門図書館を使うことも多かったです。こちらでも調べますが、困ったことがあれば電話して『このレファレンスの対応、お願いできますか？』と聞いてしまうんです。私は専門図書館の方ともつながりがありましたが、なくてもどんどん電話していいと思います。利用者が求める情報を提供するために、必要なことなんですから」

齊藤さんは手元の資料に視線を落とし、「例として、いくつか資料に周辺の専門図書館を示してみました。都内には専門図書館がたくさんありますので、こちらも参考にしてみてください」と付け加える。

その資料を見て、千夏は小さく「あ」と声を漏らす。齊藤さんとのセミナーで名刺交換をした方の図書館名がそこに載っていたのだ。（あの方が言っていた図書館って専門図書館ってことだったんだ！）と千夏はようやく気づいた。そして（あの時は、名刺で見ても全然ピンと来なかったけど、こうやって図書館職員の輪って広がっていくんだ）と、齊藤さんのセミナーに参加した意義を再確認する。

「あと『(6) 情報は正確に』は基本ですが念のため入れています。私たちは出典が明らかな情報を示すことが最大の役割なので、そこに付随する情報も正確に提供しましょうね。ただ、私たち図書館職員が答えられないものもあります。その意味で最後に『(7) 受けてはいけない質問がある』と入れました」

参加者の中には、この意味を理解している人もいるようで、資料を見ながらうなずく姿が多数見受けられた。

「これは、日本図書館協会の公共図書館部会参考事務分科会が作成した、参考事務規程（一九六一年）に規程された考え方をもとにしたものです」

●日本図書館協会　公共図書館部会参考事務分科会　参考事務規程

7　他人の生命・名誉・財産等に損害を与え、または社会に直接悪影響をおよぼすとみられる問題は受け付けない。

8　次の各号に該当する質問には回答を与えてはならないと共に資料の提供も慎重でなければならない。ただし、問題によっては専門機関・専門家を紹介する。

a　医療・健康相談

b　法律相談

c　身上相談

d　仮定または将来の予想に該当する問題

9　次の各号に該当する質問には解答を与えない。

a　学校の宿題

b　懸賞問題

「この参考事務規程は、大変古いのですが、サービスを行ううえで参考になります。私たちはあくまで出典を提供する存在です。何かの判断をするための出典を提供するに止め、そこから私見を加えるような対応はできません。競馬の予想をしたり、美術品の鑑定をしたり、というところまではできないんですね。その線引きを事前に理解したうえで対応いただけるといいかと思います」

参加者が納得する様子を見ながら、齊藤さんは次の資料へとページをめくる。会場は齊藤さんのレクチャーに集中し、心地よい静寂に包まれている。

翔子、利用者に最適な「サポート」の真意に気づく

「ではここからは、レファレンス『スキル』を向上させるためのヒントをいくつか紹介したいと思います。意識するだけで利用者の皆さんとの接し方も変わると思いますので、この考え方をぜひ参考にしてみてくださいね。まず図書館職員の皆さんには、レファレンスサービス向上のためにはコミュニケーションとフットワークがとても大切だと知っていただきたいです。先ほど話した『レファレンスの心得』も、言ってしまえばすべては利用者の皆さんとの丁寧なコミュニケーション、そして、カウンターの外に出て利用者とともに行動することが根底のメッセージとしてあります」

参加者たちは改めて「レファレンスの心得」の欄を見返し、齊藤さんの言葉を咀嚼しようとしている。

レファレンススキルの向上に欠かせないものは…
丁寧なコミュニケーションとフットワーク

(例)・カウンターの外に出て一緒に資料を探す
・排架・書架整理をしながら困っている利用者に話しかける

朗らかな表情や丁寧な対応は、利用者の安心につながる。
最後は笑顔で帰っていただけるよう、図書館職員が元気であることも大切！

つまり…
「元気な図書館員が利用者を元気にする」

「そして、元気に対応してくれたら利用者の皆さんも元気になりますよね。目も合わせず暗い表情で対応されたら『この人は大丈夫かな？』と思われてしまう。最後に笑顔で帰っていただけるよう、職員が元気である必要があると思います」

翔子は、（職員みんなが元気で対応できるようにするには、誰かにだけ負担がかかるような仕組みじゃなくて、みんなが胸を張ってレファレンスできる組織にならないとだめだよね。そういう意味でも、さっき話したレファレンス記録って、みんなを成長させてもくれるし、情報共有の手段にもなるんだろうな）と、これまでの学びを齊藤さんの言葉に結びつけている。

「私は、『レファレンスサービスとは、ヘルプではなく、サポートである』と思っています」

翔子はふと、『司書トレ』でもそういった解説があったことを思い出した。（接し方のアドバイスのところで、この言葉が出てきた気がする）と考えながら、『司書トレ』を学習していたときのメモを確認する。さらに、当初書いた課題メモ「利用者さんにとって親切な『サポート』を知る」の解決につながるという期待感も覚えた。

「サポートと似た言葉で『ヘルプ』という言葉があると思います。飢えた人がいたときに、魚の釣り方を教えてあげるのが『サポート』。魚を釣って、その魚を与えるのが『ヘルプ』という違いがあるのですが、レファレンスにおいては『サポート』という関わり方を目指しています」

参加者たちは一斉に、資料の『ヘルプとサポート』という部分にメモを書き加える。

「冒頭で、遠藤さんや木村さんが話していたように、レファレンスの目的のひとつに、利用者に自力で調べる力をつけてもらうことがあります。これこそまさに、魚の釣り方を教える『サポート』ですよね。レファレンスブックやOPAC、インターネットを活用した調べ方や棚の見方などを、レファレンスをしながら見せる。『こうやって調べるんだ』という理解の場を増やしてもらえるようなレファレンスを、これからぜひ意識していただければと思います」

翔子は、自分たちが話していたことが、齊藤さんの解説にリンクしていたことがとても嬉しかった。（齊藤さんは、私たちにいろんな角度から、この「ヘルプとサポート」の大切さを教えてくれていたんだ。きっと、私たちの理解度とか状況に合わせて、伝えることを選んでいたんだな）と感謝の気持ちでいっぱいになる。

さらに（ということは、もうすでに、課題メモに書いていた「サポートを知る」って理解できていたんだ！）とようやく腑に落ちた。

ここでまとめとして、齊藤さんからレファレンスにおけるポイントが示される。

●レファレンスとは…
知識、技術、経験、ホスピタリティー＋情熱（饒舌）たれ

「すでに遠藤さんや木村さんのお話で理解できたかと思いますが、レファレンスは知識、技術、経験なども大切ですが、何より根底のホスピタリティーがなければいけません。先ほど話した『元気であること』も、気持ちのよいコミュニケーションをしたいと相手を思いやる気持ちの結果ですよね」

翔子は（ホスピタリティーって伝わるもんね。親切な気持ち、利用者さんのためを思ったレファレンス、改めて意識しよう！）と再度決意する。

「そして情熱。情熱に勝るものはないですよね。遠藤さんや木村さんの情熱には私も多くの刺激を受けました。この熱意こそが、成長を助けると思います。あと『饒舌』はおまけですね！お話好きな方の中には、レファレンスでますます才能を発揮できる方もいるでしょう」

後方の席から、齊藤さんの言葉にクスッと笑いが起こる。

「……そして、姿勢を意識したら次の行動ステップは『レファレンス記録』です。実際に経験を積むことが難しい学生でも、これで十分スキルを磨けています。皆さんなら経験しながら記録をつけ、さらに振り返り……図書館全体でレファレンスサービスを向上させていける。ご活躍を期待していますよ」

齊藤さんの言葉に全員が背中を押された。自然と拍手が湧き起こる。その様子を眺めると、齊藤さんは「ありがと

うございます。あと、この記録のところ、皆さんの資料には補足をつけていますのでご覧くださいね」

資料には、レファレンス記録の書き方の例も示されていた。参加者は熱心にそれを眺めている。

翔子、レファレンス時の目線や表情の注意点を知る

「私からのメッセージは以上になります。最後に少しだけ、技術的なことにも触れますが、これまで話していたことを意識できるようになってから、プラスアルファで身につけていただくものかと思います。まずは、基本的な考え方への理解を深めて、こちらは参考程度に見てくださいね」

齊藤さんはそう前置きすると、レファレンスをする際の技術的なポイントをモニターに表示する。

●レファレンス時に気をつけること

・表情

↓眉間にシワが寄っていませんか？　表情が硬くなっていませんか？

・目線

↓対等な会話のために、目線を合わせる。子どもへの対応時はしゃがんで同じ目線に

高齢者には「お座りください」など、状況を見ながら対応しましょう

「先ほども、レファレンスの根底には『コミュニケーション』がある、とお話ししました。互いに心地よいコミュニケーションがとれるよう、ここに記載したようなことを意識してみてください。おそらく皆さんの中にも、物事に集中すると眉間にシワが寄ったり、目を細めて鋭い表情になってしまったりする方もいると思います。その様子を見ると、利用者は『今、話しかけるのやめようかな』などと躊躇してしまうこともあるんですよね」

翔子は（あ、これは前、私の母が図書館に行った時の話とリンクするなぁ。あれから、なるべく意識はしているけど「無意識になった時」が危ないんだよね。気をつけなきゃ！）と襟を正す。

「あとは、しっかり利用者と目線を合わせて、本などの情報をゆっくり見られる配慮を意識してください。子どもだったらひざをついたりしゃがんだりして。立ったままだと威圧感が出てしまうかもしれませんからね。高齢者なら、動いたり長時間立ったりするのが大変でしょうから、椅子がある場所に促して『お座りください』と誘導してもいいですね」

翔子と千夏は、その対応をする発想がなかったことに気づいた。（たしかに高齢者も、もちろん他の方にも資料をゆっくり見られる環境をこっちからつくる必要があるよね！ 今思い返せば、荷物を置いてゆっくり本が読めるソファは人気が高いかも。これからはそういう視点も持って動くように意識しよう！）と、翔子は齊藤さんの言葉を噛み締めている。

「そして、会話の速度も速すぎず遅すぎず、利用者の話すスピードに合わせると、相手にとって心地よいコミュニケーションができると思います。時にはバックトラッキングという、相手の言葉を反復する方法も用いて、互いに考える時間をつくりながら進めるとよいでしょう」

●バックトラッキング（相手の言葉を反復しながら会話をする手法）

・「こないだ見た時代劇のことで知りたいことがあって」
↓「時代劇のことで知りたいことがあるんですね」
相手の発言を促し、情報収集へとつなげる
※発言することで質問にたどり着く利用者もいるため、思考整理の時間をつくれるというメリットもある

「利用者によっては、知りたいことをストレートに聞いてこない場合も多いですね。だから、最初の発言は質問のきっかけにすぎないかもしれない。その後、利用者の方が知りたい本当のことを聞けるまで、今お伝えしたようなコミュニケーションをとって、少しずつ確信に迫っていくようにしていくといいと思います」

翔子は（たぶん私のお母さんも、最初は「この言葉の語源を知りたい」とまで言えなくて、「こないだ見た本のことが気になって」とか「この作者の本のことを知りたくて」とか言っていたのかもしれないな。そういうときに、表情をこわばらせることなく朗らかにインタビューできると、すごくいいレファレンスにつながるのかも）と、自分なりに齊藤さんの言葉を理解する。

翔子、レファレンス記録が新人教育につながることを知る

「ではここで、質疑応答に移ります。齊藤さんへの質問など、今後のレファレンスサービスのために確認したいことがあればぜひ挙手していただければと思います」

翔子がそう促すと、隣接する市の図書館職員が手を挙げた。

「ではそちらの、後ろに座っていらっしゃる男性の方」

翔子がそう促すと、男性はゆっくり立ち上がる。

「本日はありがとうございました。私はK市で図書館職員をしています。私は職員の中でも、レファレンスへの向き不向きがあるように個人的には思っています。本は好きでも、人と話すことにはあまり積極的になれない、私も昔はそういう気質だったんですが……。レファレンスサービスとは、そういう方も含めて全員が注力するべきジャンルだと思いますか？」

齊藤さんは、まっすぐその男性を見て、回答する。

「そうですね。全員がやるべきだと思います。利用者からすれば職員の向き不向きって、あまり関係ないんですよね。それに『この人には詳しい話を聞けない』という体験を与えてしまうのは、図書館の役割にマッチしないと思うのです。どの方も、頼れる図書館職員であってほしいと思います」

翔子はふと、洸太のことを思い浮かべた。図書館業務自体ではなく、利用者とのコミュニケーションについて、どのように教えていくべきかをちょうどしっかり考えたいと思っていたところだった。そこで、齊藤さんからそのヒントとなるようなアドバイスが付け加えられた。

「私が立川にいた頃は、新人職員にはひとまず、私がレファレンスをするときにずっとついてきてもらっていました。どんな会話をして、どんな提案をしているのか見てもらう。すると、本人も対応時の考え方や見る棚のイメージがつかめてくるんですね。もしこの業務に慣れない方がいたら、そういう機会をつくってあげてください」

男性は、具体的な行動例まで理解できたため、すっきりした顔で「ありがとうございます。ぜひ今後そのようにできればと思います」と話し、着席する。

翔子はあたりを見回し、次の質問者を指名する。

「貴重なお話ありがとうございました。W市の図書館職員です。今、齊藤さんからいただいたアドバイスに関連してですが、当館ではレファレンスに明るい職員がいます。ただ、その人自身は教えることが得意ではないようで、感覚的なことしか伝えられない、と話すんです。こういった環境の中で、どのように私を含む他の職員に教育する仕組みをつくればいいのでしょうか。齊藤さんならどのようなことから始めますか？」

「先ほど話した、レファレンスをするときについてきてもらって、実際の対応を見せることももちろん有効でしょう。時間があれば『○○さんだったらどこの棚を見ますか？どう調べますか？』と聞いて、一緒に発想を広げていく作業をしてみてください。すると互いに『その発想もあったね』という気づきが生まれる。考え方も身につきますし、考える楽しさも実感できると思うんです」

翔子は（ロールプレイングみたいなことかな？　これは、私も周りの人も考え方を身につけながら、洸太さんと一緒に学べそう！　どこかで時間をつくってやろうかな）と、今後のための大きなヒントをもらった気持ちになっている。

「あとはやはりレファレンス記録ですね。レファレンス記録の意味や有効性はすでに話していますので問題ないかと思いますが、記録をつけることで情報が整理できますし、他の記録を見ることで、他人の調べ方や考え方を学ぶことができる。新人には、まず私たちが書いたレファレンス記録を読んでもらっていました。そうすると、私たちが何をやっているのかがわかります。W市ではレファレンス記録をとっているかは存じ上げませんが、ぜひそのような取り組みも進めてみてください」

翔子は、レファレンス記録を見ることでも発想を広げる訓練になるのだということを理解しながら、次の質問者を指名する。

「では手前の、総田市の職員の方ですね。お願いします」

「遠藤さんと一緒に働いています、竹内と申します。本日は貴重なお話ありがとうございました。実は以前、利用者さんから『図書館内は静かだし、なんとなく質問しづらい感じがあって、何回か声をかけることができず、今日やっと声をかけることができた』と何気なく言われたことがあります。これまでの遠藤からの共有でも、今日の勉強会でも『排架や書架整理で質問しやすい場所にいる』ことが大切だとは理解したのですが、他に私たちができることはあるのでしょうか?』

「そうですね。他にはカウンターの配置の工夫などもあるかもしれません。カウンターって、図書館職員と利用者を区切るように置かれていますよね。それを、利用者と職員が九十度の関係になるようにすると、話しやすいとは言われています。これはカウンターの構造上難しいとは思うのですぐにできるものではないですが……。あとは、『相談デスク』『レファレンスコーナー』のように、利用者が相談しやすいエリアをつくっていつでも人が対応できるようにしておく方法もありますね」

竹内さんは「ありがとうございます。以前は当館もレファレンスカウンターがあったようなのですが、今はなく……」と話すと、壁沿いに立っていた長谷川館長が、発言をしようと手を挙げている。

翔子はすぐに「あ、ちょうど奥で当館の館長、長谷川が手を挙げていますね。どうぞ」と促す。

「レファレンスコーナーはたしかに七年ほど前までは設置していました。ただ、レファレンスに明るい職員が辞めて、かつ人員をそこに常に配置しておくことが難しくて撤去してしまったんですよ。無人になるよりはいいかなと思いまして」

齊藤さんは、館長の発言に同情するかのように、目を瞑りながら深くうなずく。

「そういう事情があったんですね。たしかに無人にすると『相談したいのに誰もいない』不満が出てしまうと思うので、ひとつの賢明な判断だと思います。ただ、レファレンスサービスを図書館の大切なサービスと位置づけ、もう一度レファレンスデスクを設置し、いつでも人がいてサポートできるといいですね。専門のデスクがあるだけで相談の心理的ハードルは下がる。そのことだけを今は頭に入れていただければと思います」

参加者たちは、齊藤さんから多くのアドバイスをもらい、感激している様子だった。メモを見ながらうなずく人や、資料を読み返す人も多く、マイクを持った翔子は感慨深い気持ちになっている。

「それでは他にはいらっしゃいませんか？……では最後に私から。齊藤さんは、レファレンスサービスに携わってい てよかったな、と思えた瞬間ってあるのでしょうか？これまでのやり取りの中で印象的だったエピソードがあれば、ぜひ教えていただきたいです」

齊藤さんは一瞬考えると、すぐに口を開く。

「そうですね。だいぶ昔の話ですが、よく図書館にいらっしゃるご高齢の利用者の方がいたんですよ。この話は、ご本人にも了解を得ているのですが、特に地域資料に関するレファレンスをたくさんしていて、もう顔見知りのようになっていました。『あそこの道はどこにつながっていますか？』『あの場所は、昔、何という名称でしたか？』など、いろいろなことを聞かれ、一緒に調べて。それでこの方……馬場啓さんというんですけども、来館される前に『今日は齊藤さんいますか？』とお電話をくださるんです。その日も電話が来たので『私、いますよ。気をつけていらしてください』と伝えて待っていたんですが」

齊藤さんはそう話すと、横のテーブルに重ねていた本へと手を伸ばす。

「馬場さんはその日、来館されて『今日は聞きたいことはないんですが』と前置きして、一冊の本を手渡し『実はこの本をつくっていたんです』と言うんですね。この『立川村十二景を描いた父』という本なんですが」

齊藤さんは、参加者に向けて本を左右に振って見せる。

「どうやらこの方は、立川村十二景という有名な絵を描かれていたお父様・馬場吉蔵氏が過ごした、明治時代の生活などを記し、本にするために、たびたび図書館を訪れていたようでした。……実はレファレンスって、情報提供した後にそれがどうなったのか、私たちが知る機会ってあまりないですよね」

何名かが、共感するように首を縦に振る。

「だから、こういう形で創造物として、私が回答したことが返ってきたことが本当に嬉しかったです。私たちの仕事って、新たな想像を生むことにつながるんだ……と証明できたような気持ちになりました。そして、今度はこの本が、今後のレファレンスで活用できるようになりますよね。ぜんぶつながっていくんだな、と感慨深かったです。馬場さんにはお礼にその時この本をいただいて、図書館にも寄贈いただきましたが、今でもこうやって持っている。私にとっての宝物です」

会場全体が温かな空気に包まれる。翔子も（レファレンスサービスを通して、利用者さんと心を通わす瞬間が生まれるなんて、本当に素敵だな）としみじみする。さらに、レファレンスが新たな創造物を生むという、まったく想像していなかった可能性を知ることができ、ますます、レファレンスサービスへのやる気がみなぎってきた。

質疑応答が終わり、齊藤さんのセミナーの時と同様、最後は名刺交換の時間となった。齊藤さんや館長、洸太に助けてもらいながら開催した勉強会で、多くの人が仲間の輪を広げる姿に、翔子も千夏も胸がいっぱいになった。

「それでは本日は以上となります。皆様ありがとうございました！お気をつけてお帰りください」

勉強会は大きな拍手で幕を閉じた。翔子と千夏は深々と頭を下げる。顔を上げた二人は、満面の笑みを浮かべて小さく「よかったね」「無事終わりましたね」と互いを労った。

翔子、レファレンス記録をとるための準備を進める

ゴールデンウィーク直後のカラッと晴れた日。日差しを遮るようにカーテンを引いた千夏は、会議室で定例会の準備を済ませる。

「あ、さすがいつも早いね」

翔子はすっきりとした表情で会議室に入ってくる。

「私も今来て急いで準備していたところです。……勉強会からあっという間でしたね」

そんなことを話していると、職員が続々と入ってくる。この日は、先日の勉強会の振り返りが行われた。

他の職員は「三尺のヴィーナスっていう話、面白かったですね。でも、事前にヒアリングする大切さもすごくよくわかりました」「この定例会で遠藤さんや木村さんが話していた内容も興味深く聞いていましたけど、やっぱりレファレンス記録って大事なんですね。最近私なりにメモに残すように意識しています」などと、意識の変化を口にする。

翔子は勉強会で新たに齊藤さんから教えてもらったことを、改めてこの定例会でも報告しながら、今後の方針についても触れる。

「齊藤さんが質疑応答で話されていたことも、ぜひ取り入れたいと思います。まずは、レクチャーする立場かどうかに関わらず、他の職員の対応を見学し合える時間を設けたいと思います。私もこれまで学んだことを生かしつつ、早く胸を張ってレクチャーできるように努めます」

翔子の意思表示に、全員が笑顔でうなずく。館長も「ぜひこれからもよろしくお願いしますね」とコメントをする。

「あと、今後の当館のレファレンスサービスを、長い目で向上していくためにもやはりレファレンス記録をとるようにしていきたいと思います。皆さんも、先日の勉強会でレファレンス記録の大切さはある程度理解していただけたかと思います。ひとまずこちらに記載したレファレンス記録のフォーマットどおりに記入いただくことから始めていただけないかと思っていますが、いかがでしょうか？　今週はフォーマットを確認いただき、問題なければ来週から運用したいです」

そう話すと、何名かが次々とうなずいて反応する。

翔子は以前のオンラインレクチャーで、千夏が「レファレンス記録をとることを、組織全体として進めるヒント」について質問していたことを思い出す。(あの時齊藤さんは、地道にレファレンス記録の大切さを説いて、利用者の需要を把握する大切な資料でもあることを少しずつ理解してもらう……って話していたけど、こないだの勉強会で何人かはそこをわかってくれたんだ）と、勉強会を開いた意義を実感する。

このフォーマットは、勉強会の翌日から、千夏と館長にも相談しながら整理していたものだった。

館長には、このデータをオンラインでいつでも見られるようにしたいとも相談している。予算の都合もあるので、一旦は今のサーバーに仮置きするフォルダを作って運用することになりそうだ。

「記録の閲覧や活用については現在整えていますので、来週以降また報告させてください。また、定例会で一週間分のレファレンスをざっくりと共有する時間もつくりたいと思います。朝は簡単に業務の共有時間がありますが、もし解決していないレファレンスがあれば、ぜひそこを活用してください。来週以降に、レファレンス記録をとる日を私から案内しますので、すみませんがよろしくお願いいたします」

しっかりと頭を下げながら、堂々とそう言い切る翔子の姿を、千夏は改めて心強いと思った。翔子の「まずはやってみる」精神は、何かと迷いやすい千夏の背中をいつでも押してくれる。

その翌週、ついにレファレンス記録の運用が始まった。事前に、何名かからもらっていた質問があったので、内容が理解しやすいフォーマットにブラッシュアップし、吹き出しで注意点やNG例を書き、書き方に迷わない工夫をした。

「書き方に不安がある方には事前にレクチャーの時間もとりましたが、今日記録しながら気になったことがあれば随時お知らせください。では、よろしくお願いします」

全員が「よろしくお願いします」と一礼すると、それぞれの持ち場に戻る。

翔子は、一緒にカウンター業務にとりかかる洸太にも「今日からまたバタバタするかもしれないね。何かあればこっちに聞いていいからね」と声をかける。

エピローグ

「では先週のレファレンスについての報告を、竹内さんからお願いしてもいいですか？」

五月、半袖を着る人が増えてきた。翔子が提案したとおり、定例会では、最後の時間を使って一週間分のレファレンスの振り返りをするようになった。

「はい。対応した内容はサーバーのフォルダに上げましたが、日曜日にはアコースティックギターの弾き方がわかる本を求めて来られる方が二名ほどいらっしゃいました。いずれも『弾き語り』をしたいということで、話を聞いたらゴールデンウィーク前に公開された映画の影響のようですね。芸術コーナーとティーンズコーナーを案内しました。劇中曲の楽譜とＣＤの所蔵についても調べたので、今後聞かれた方はこの記録をご活用ください」

翔子は職員たちのレファレンス記録の報告を満足そうに聞いている。こういった報告や、他の職員のレファレンス記録を眺めることで、以前のような「他の職員が社史を取り寄せていたことに気がつかなかった」という事態も防げるようになってきた。

「では次、木村さんお願いします」

「はい。私は昨日、五件のレファレンス対応をしました。一件ピックアップすると、五十年ほど前に起きた▲▲事件について、詳細がわかるニュースの内容と判例を知りたい、との質問がありました。当時の新聞記事と、裁判所の『裁判例情報』を見て案内しています」

千夏も、自分なりにリサーチの幅を広げて対応しているようだった。翔子は、レファレンスサービスに関わるようになってからのこの図書館における変化を、ひしひしと感じている。

「おはようございます」

翌朝、ベテラン職員の挨拶をきっかけに、簡単な業務報告の時間が始まった。

「今日は隣のW市の方が昼前に見学にいらっしゃいます。対応は館長が行いますが、お見かけしたら挨拶など、お願いいたします」

翔子は控えめに「はい」と返事をしながら（今日はどんな一日になるんだろう）とワクワクしている。

「他に共有事項がある方はいないですか？」

すると、翔子の隣にいた千夏が小さく手を挙げる。

「一件だけ共有といいますか、もしご存知の方がいたら教えていただきたいです。昨日のレファレンスでひとつ、わからないことがあり……」。

齊藤さんの教えどおり千夏は、個人の発想では限界があるものを預かったようで他の人の知識を頼りにする。この日は、考え方のアイディアが見つかった職員は随時千夏に伝えることとなった。

「では本日もよろしくお願いします」

翔子は改めて千夏に声をかける。

「さっきの件、私も調べてみるね」

「ありがとうございます。……そういえば、今更なんですけど、齊藤さんのセミナーで名刺交換をした方に、遅ればせながらお礼メールを送ったんですよ」

「そうなの？　なんだか独特な名前の図書館だったよね」

「そうなんです。都内にある石ノ山音楽資料室っていうところなんですけど、いろいろ聞いたら、レコードも所蔵しているし、それを聞ける設備もあるみたいで……音楽家の方とか、専門的な音楽番組をつくるための情報収集で来られる方もいるみたいです」

「へぇ～！　そんなところがあるんだ」

「だから、昨日の竹内さんの話の延長で、より音楽で高度なレファレンスが必要なときは、相談してみるのもいいかなと思いました」

　翔子は、齊藤さんの「人の知識をあてにする」の話の中で、県立図書館や専門図書館への相談も大切だと話していたことを思い出す。翔子は（千夏さんは、普段から熱心に復習していたけど、本当にこうやって学んだことを自分のものにしているんだ）と感心する。

　そして、千夏の影響を受けて、セミナーで名刺交換をし、先日の勉強会で再会した隣の市の図書館職員にもこちらからまたメールを送り、情報交換をしようと決意する。

　この日、カウンターに訪れる方は多く、息つく暇もないほどの忙しさだった。四月に引っ越してきた大学生がカードをつくりに来たり、ＯＰＡＣの使い方を尋ねてきたりしていたので、あっという間に数時間が経っていた。

ちょうど、翔子が対応したレファレンス記録をしたためていると、洸太が千夏と何かを話している姿が見えた。

「何かあったの？　大丈夫？」

顔を覗き込む翔子に千夏が答える。

「さっきからこちらを気にしながらカウンターの前を何往復もしている方がいらっしゃるみたいで、洸太さんが教えてくれたんですけど」

「そっか。どの方だろう？　今もいらっしゃる？」

「あ、あそこの帽子を被った方です」

「わかった。じゃあ洸太さん、横の新刊エリアの整理に一緒に行きましょうか」

対応に迷っていた洸太はようやく安心したようで、「はい」と返しながら翔子の後ろをついていく。

「新刊、やっぱり人気だね。昨日テレビでこの作家さんの特集があったみたいよ」

「そうなんですね、下のほうのこの本も、利用者さんが手に取った形跡が……」

「本当だ。もしかしてこれ、上の位置に移動したほうがいいのかな」

新刊エリアに移動してそう隣の洸太に問いかけた時、洸太の奥にいる帽子姿の利用者と目が合う。

「こんにちは、何かお探しですか？」

利用者は安堵の表情を浮かべ、「あ、そうなんです。一九八〇年代のこのあたりのことなんですけどね」と切り出す。

「ええと、私は神奈川の方にずっと住んでいたんですが、家の関係でこっちに戻ってきて。図書館も当時より綺麗になっているんですね。いやぁでも、懐かしい」

「そうですね。二十年ほど前に建て替えて。たしかに当時と比べると綺麗になりましたね」

翔子は、先日の勉強会で初めて知ったコミュニケーション方法「バックトラッキング」を意識して会話を続ける。

「そうですよね。あの辺も広くなって。いやぁ……」

感慨深そうにあたりを見回している男性に、翔子が質問を投げかける。

「ちょうど今、館内の書架整理をしていましたので、そのままどうですか？もしお時間があれば、館内をご案内いたしましょうか？」

「いや、今ひと通り見てきたので大丈夫です。ただ、ボウリングがね、気になっていまして。懐かしくて」

「ボウリングですか？」

「私、この辺にいた頃、結構ボウリングをやっていたんですよ。だから、当時のボウリング場の写真や情報がないかなと思いまして。写真で見られたらいいんですが」

「当時のお写真ですね。一応、こちらの端末でいくつか調べたい言葉があるので、ご一緒に見ていただいてもよろしいですか？」

翔子は洸太と一緒に利用者をＯＰＡＣへと案内し、「ボウリング場」「総田市　ボウリング」「千葉県　ボウリング」

などと調べてみる。利用者には、逐一、検索ワードを共有しながら進めるが、思った情報が出てこない。翔子は洸太と一緒に「あとは何があると思う？」と簡単に話し合うと、「地域資料の航空写真」と同時にアイディアが出る。

利用者にもその旨を伝え、一緒に地域資料コーナーへと向かう。

「エリア的にはこの本か、もしくはこの本あたりを後で見ていただくといいかもしれません」

すると洸太が「ちなみに、一九八〇年代って市内にいくつくらいボウリング場があったのでしょう？」と疑問を口にする。翔子は「たしかにそうだね」と返しながら、（レファレンスって、こうやって発想を助け合っていくんだ！）と実感する。

翔子はすぐに利用者に目線を合わせると「すみません。当時この辺にあったボウリング場の名前や位置を、覚えている範囲で構いませんので教えていただけますか？」と尋ねる。

自分たちで考えるばかりでなく、利用者にしっかりとヒアリングをする大切さを意識しながら、どうやら市内に七〜八カ所のボウリング場があったことを理解する。翔子と洸太はその後、レファレンスブックの『サービス業統計総覧』を見たり、インターネットで市内のボウリング協会のサイトをチェックしたりする。

「こんな情報が載っている本もあるんですね。面白い……。統計って省庁のサイトにはあるイメージでしたが」

「そうなんです。他にも『日本統計年鑑』というものや、明治時代のものだと『日本帝国統計年鑑』というものもあり……いろいろな情報が載っているので、開いて見てみると面白いと思います」

瞳を輝かせながら、利用者の男性は興味深そうに本棚を眺め「いろいろありがとうございます。後でパラパラと眺めてみます。あ、質問の件だと、先ほどの航空写真のところで教えていただいた本を見てみますね」と軽やかに歩いていく。

「私たちもこのあたりにしばらくおりますので、また何かあればお声がけくださいね」

そう笑顔で返すと、翔子と洸太は引き続き書架整理をする。

十分後、男性は二冊ほどの本を抱えてこちらに向かってくる。

「先ほどはありがとうございました。ここに私がまさに通っていたボウリング場が載っていました。懐かしいですね、いやぁ感慨深いです。こんな情報に出会えるとは……こちら借りていきますね」

「それはよかったです。またいらしてください」

「はい。ではまた」

颯爽と帰る男性を見送ると、翔子は早速レファレンス記録につけながら、心の中で（あの利用者さんは、自分で情報を見つける楽しさを少しは感じられたかな）と考える。

翌週、翔子が事務室でパソコン作業をしていると、洸太が駆け寄ってくる。

「翔子さん、先週僕と一緒に対応した利用者さんがお呼びです」

「先週……？　はい、今行きます！」

カウンターへと向かうと、先週「ボウリング場の写真を見たい」と話していた利用者の男性が立っていた。

「この間はありがとうございました。あれから昔の写真を眺めて、そのあたりに散歩に行ってみたんですよ。いろいろ出かけるのは楽しいですね」

「そうでしたか、それはよかったです」

「あの〜、この間のとは全然違うんですがね、最近とある映画を見に行ったんですよ」

「映画ですか」

「そうそう。バンドのやつでね。まぁ私は孫の引率みたいなものだったんですが、見たらすごく気に入ってしまって。図書館って、ＣＤもありますよね？」

翔子はすぐに、先日の定例会で、竹内さんが話していた報告を思い出した。レファレンス記録を見返し、利用者に映画のタイトルを確認すると「そうそう！それです！」とすぐに情報がつかめた。ものの五分ほどで対応が終わり、利用者の男性はそのＣＤと、近くにあった一九九〇年代のＣＤもいくつか借りて帰っていく。

利用者の男性が帰るとすぐに、千夏が近づいてくる。

「あの方、先日洸太さんと対応した方ですよね！しかも今回は翔子さんを指名だなんて……また図書館に通ってくださる方が増えましたね。お二人のおかげで」

自分のことのようにそう話す千夏を見て、翔子は「いやいや、でもなんか嬉しいね〜！」と返すと隣を通る洸太に視線を向ける。

「あ、洸太さん先ほどはありがとう。こないだのレファレンスでも、自然に疑問点を出してくれて助けてもらったし、なんだかすごく心強いよ。利用者さん、今度はＣＤ借りていってくれたよ！　こうやって今後も通ってくれるようになったら嬉しいね」

「いえ、あれは本当に僕が気になっただけで、思いつきなんです。でも嬉しいですね」

「うん！　思いつくようになったっていうのもすごい成長だと思うし、なんかレファレンス記録とか、みんなで『利用者さんに調べる力を身につけてもらう』『本と出会う楽しさを体験してもらう』ことを意識した結果が、少しずつ出てきたような気がする！」

　三人で、レファレンスサービスの小さな前進を喜び合う。翔子は、千夏と洸太の明るい表情を眺めながら、これからのレファレンスサービスの向上に、大きな希望を見出している。(協力してくれる人の力を借りながら、これからもこの図書館全体でがんばっていこう）そう改めて決意し、翔子は何気なくカウンターのほうに目を向ける。

「あ、カウンター混んでるね。二人も手伝ってもらえる？」

「もちろんです」

　軽やかな足どりで、三人はカウンターへと歩いていく。


（Ｆｉｎ）

＜参考文献＞

○参考書籍
『学校図書館で役立つレファレンス・テクニック―調べる面白さ・楽しさを伝えるために』齊藤誠一著　少年写真新聞社

『日本の活断層図』
活断層研究会編　東京大学出版会

○参考サイト
レファレンス協同データベース
https://crd.ndl.go.jp/reference/（参照：2024年10月）

神奈川県立川崎図書館『バーチャル社史室』
https://www.klnet.pref.kanagawa.jp/find-books/kawasaki/shashi-shiryo/virtual-shashi/（参照：2024年10月）

あとがき

図書館の基本的な機能である情報提供を実現するための方法論として〝貸出〟と〝レファレンスサービス〟があると言われてきました。一時、貸出サービスが全盛の時代があり、地域資料サービスやレファレンスサービスが棚上げにされていた時期もありました。最近、レファレンスサービスが顧みられるようになり、関心を集めています。

そのような中でこの企画をいただきました。まさにレファレンスサービスを本格的に始めようとする図書館の話をより実践的に、そして具体的にストーリー化した本です。大変嬉しく、編集者の皆様に熱く語らせていただきました。と言いながら、図書館サービスの中でレファレンスサービスだけが突出することを好みません。図書館サービスは総合力のサービスであり、何よりもバランスが大切です。貸出だけが突出した時代の二の舞は避けたいと思っています。

また、ICT化の流れの中で、情報探査ツールや情報源の多様化が進んでいます。特にAIの進化は目を見張るものがあり、今後のレファレンスサービスがどのようになるのか、気になる次第です。しかし、図書館には、情報に対する水先案内人がいて、情報源のハイブリッドな活用と人と人とのコミュニケーションを大切にしているという主張は、今後も変わらないのではないでしょうか。否、このような時代だからこそ〝人と人との関係〟を大切にしたい、それを密にできるサービスのひとつがレファレンスサービスだと思っています。

2000年に「インターネット―生かすも殺すも職員次第」という小論を『図書館雑誌』に書かせていただきましたが、AIの時代になってもこの思いは変わりません。図書館に司書がいて、さまざまなツールを使って調べることをサポートし、その結果として図書館が頼りになるところ、楽しいところになることを願っています。

最後になり恐縮ですが、このストーリーを書き上げてくださった松本温美さんに深く感謝申し上げます。松本氏の観察眼と理解力の高さ、そして絶妙なストーリー展開には、頭が下がる思いです。ありがとうございました。また、丁寧な編集とさまざまにご配慮いただいたＤＢジャパンの三膳直美さんに厚く御礼を申し上げます。

二〇二四年十月　齊藤　誠一

読者限定！
「レファレンスの心得」資料と「レファレンス記録の書き方の模範例」の
特典資料がダウンロードできます！

https://www.db-japan.co.jp/osiete_saitousan_download/

齊藤《さいとう》 誠一《せいいち》

千葉経済大学短期大学部名誉教授（司書課程担当）。前千葉経済大学総合図書館長。東京都府中市出身。1977年、青山学院大学卒業（司書資格取得）。同年、司書として立川市に採用される。中央図書館開館後、調査資料係長としてレファレンスサービスを担当。2006年より千葉経済大学短期大学部で司書課程の専任教員となり、現在に至る。2011年3月、筑波大学大学院図書館情報メディア研究科博士前期課程修了。元日本図書館協会施設委員。日本図書館情報学会会員。

「教えて！先生シリーズ」
齊藤先生。ネット時代のレファレンスって何が大事なの？
～ストーリーでわかる本とネットのレファレンスサービスの考え方～

ISBN：978-4-86140-554-9
C0000

2024年10月31日　第1刷発行

監修	齊藤誠一
発行者	道家佳織
編集・発行	株式会社DBジャパン 〒151-0073　東京都渋谷区笹塚1-52-6　千葉ビル1001
電話	03-6304-2431
FAX	03-6369-3686
E-mail	books@db-japan.co.jp
表紙イラスト	大野莉沙
イラスト協力	日本工学院専門学校　クリエイターズカレッジ マンガ・アニメーション科
印刷・製本	大日本法令印刷株式会社